U0102424

中国古代大政治家的治国智慧

◎ 马平安　著

管仲相齐
四维并张与商工富国

中国文史出版社

图书在版编目（CIP）数据

管仲相齐：四维并张与商工富国 / 马平安著 . --

北京：中国文史出版社，2021.12

（中国古代大政治家的治国智慧）

ISBN 978-7-5205-3158-0

Ⅰ . ①管… Ⅱ . ①马… Ⅲ . ①管仲（?- 前 645）- 生平事迹
Ⅳ . ① B226.1

中国版本图书馆 CIP 数据核字 (2021) 第 183333 号

责任编辑：窦忠如

出版发行：中国文史出版社

社　　址：北京市海淀区西八里庄路 69 号院　　邮编：100142

电　　话：010-81136606　81136602　81136603（发行部）

传　　真：010-81136655

印　　装：廊坊市海涛印刷有限公司

经　　销：全国新华书店

开　　本：787×960　1/32

印　　张：8.5

字　　数：148 千字

版　　次：2022 年 9 月北京第 1 版

印　　次：2022 年 9 月第 1 次印刷

定　　价：48.00 元

作者简介

马平安,1964年生,河南卢氏人,历史学博士,中国社会科学院近代史研究所研究员、中国社会科学院大学教授。出版著作《晚清变局下的中央与地方关系》《近代东北移民研究》《北洋集团与晚清政局》《中国政治史大纲》《中国传统政治的基因》《中国近代政治得失》《走向大一统》《传统士人的家国天下》《黄帝文化与中华文明》《孔子之学与中国文化》等30余部,发表文章50余篇。

总　序　治理国家需要以史为鉴

世上任何事情的出现，都是一种因缘关系在起作用的结果。

这套即将问世的政治家与中国传统国家治理智慧的小丛书，即是本人对中国传统政治与文化多年学习与思考后水到渠成的一种自然的结果。

从宏观上来看，国家的治理是一项十分复杂的系统工程。但如果将这一复杂性和系统性作抽象的归类，其基本内容则主要只有两项，也就是《管子·版法解》中所说的"治之本二：一曰人，二曰事"。这其中，人才是关系国家兴衰的第一要素，所以《管子·牧民》篇又说："天下不患无臣，患无君以使之；天子不患无财，患无人以分之。"历史上，政治家对国家制度的探讨、官员的任用、民众的管理、财政的开发、外交的谋划、各种突发事件的应对及处理，等等，无不是对国家治理经验的丰富与积淀，而由这些内容所形成的政治文化，就成为中华民族文化中极其重要的组成部分。

　　中外古今大量历史经验表明，一个国家和民族的存在与发展，最根本的依赖是文化，以及由文化而产生出来的文化精神。民族的文化精神是一个国家和民族赖以生存和发展的支柱，是一个国家和民族的脊梁，代表着一个国家和民族的精气神。离开了文化和文化精神的支撑，该国家或民族的存在便无以为继。从周公到康熙皇帝，他们都是在中国乃至中华民族发展历史上作出了巨大贡献的杰出人物，他们缔造的政治制度、所展现的政治智慧，都成为中国文化精髓中的重要组成部分，对中华民族的传承与发展有着不可替代的支撑作用。

　　中国古人懂得总结历史经验教训的重要性，应该是从黄帝时代就开始了，但有明确文字记载的，则要从周人说起。

　　周人对历史经验的总结、回顾，从文王时代就已经有了明确的记载。《诗经·大雅·荡》篇引文王所说的"殷鉴不远，在夏后之世"，就是周文王针对殷纣王不借鉴也不重视夏后氏被商汤灭亡的教训所发出的叹惜。朱熹在其《诗集传》中说："殷鉴在夏，盖为文王叹纣之辞。然周鉴之在殷，亦可知矣。"文王一方面为殷纣王而叹惜，另一方面也以历史的经验教训作为周人的戒鉴。

　　殷商灭亡后，周武王、周公以及其他一些有为的周王和辅政大臣更是常常总结夏殷两代人的经验教训。这可以分成两个方面，一方面是对夏殷两代成功统治经验的总结以供学习、效法；另一方面是对夏殷两代执政者的罪过、错误和失败教训的总结以供戒惕。这种模式，可以说是开了中国人史鉴意识的先河。

周人思维的特征之一就是习惯以古观今，拿历史来借鉴、说明、指导现实以照亮未来前进的方向。周初统治者即是这种思维特征的代表人物。周公治理国家，不仅总结了夏殷两代失败的历史教训，而且还总结了夏殷先王成功的历史经验，并对这些经验予以高度的赞扬和汲取，从而开创了中国历史上的封建政治制度与建立了家国一体的文化意识。从《周易》《尚书》《诗经》《周礼》《仪礼》等若干先秦文献中，都可以看到周人具有的这种浓郁的史鉴意识。这种文化意识，深深地影响了中国人的文化与心理。

在现实生活中，我们在欣赏画作时，都知道每幅作品中藏着一个画魂，这个"魂魄"，往往代表了这幅画境界的高低与价值的大小。

以史观画，史学的作品，又何尝不是如此呢？

本丛书之"魂"，即是"传统国家治理的经验与教训"。这是一条古代政治家治理国家所汇集而成的波浪滔天、奔流不息的历史长河，在这条奔腾前行的河面上不时迸溅出交相辉映、绚丽夺目的朵朵浪花。

这也是一条关于中国古代治理智慧的珍珠玛瑙链，是对古代政治家治国理政智慧和务实政治原则的浓缩，是对古代统治者及关注政治与民生的政治思想家们勇猛精进所创造历史的经验教训的一种总结。

纵观中国古代治理史，夏、商、周三代，周公对国家的治理最具有代表性，他封邦建国，创建宗法制度、礼乐文化，以德治国，注重史鉴，对中国传统政治文化价值体系的形成和发展，有着独特的贡献。春秋时期，孔子对国家治理的思考与探索亦堪称典型。他把政治的实施过程看作是一个道德化的过程，十分强调执政者自己在政治实践中以身作则的表率作用，主张"礼治""德治""中庸"，十分强调统治者在治国理政中富民、使民、教民的重要性。战国时期，商鞅改革的成就史无前例。商鞅最重视国家的"公信力"，他主张用法治手段将国民全部集中于"农战"的轨道，"法""权""信"构成了他的治国三宝。在商鞅富国强兵政策的基础上，秦王嬴政实现了国家的统一。秦始皇所开创的中华帝制、郡县制，所拓展的疆域，进一步奠定了中华民族发展的基础。楚汉战争胜利后，刘邦建汉。作为一个务实且高瞻远瞩的政治家，他更具有史鉴意识，采用"拿来主义"，调和与扬弃周秦政治，他的伟大之处在于实行"秦果汉收"，兼采周公与秦始皇治国理政的长处，从而较好地解决了先秦中国政治遗产的继承和发展问题。汉武帝是继周公、孔子、秦始皇、汉高祖之后又一具有雄才大略的不世之主。他治国理政兼用王霸之道，在意识形态上采取文化专制主义，尊崇儒术，重视中央集权以及皇权的建设。三国两晋南北朝时期，因为分裂与战乱，这一时期鲜有在国家治理方面高水平的大政治家，其间尽管有曹操的挟天子以令诸侯、在北方开辟屯田；诸葛亮治理西蜀与西南地区，但皆无法与统一强大王朝的治理体系与能力相媲美。唐宋时代，唐太宗、宋太祖对国家的治理堪为后世示范。唐太宗的三省制衡机制、宋太祖对文官制度的重视与建设都很有特色。北宋后期有王安石变法，但这种努力以失败而告终，非但没有能够挽救北宋王朝，相反倒十足加剧了北宋的动荡与灭亡。明代中后期，统治者一直在寻找振兴之路，其中以张居正新政最具代表性。张居正治国理政所推行的考成法与一条鞭法，为后来治国者的治吏与增加财政收入提供了经验教训。清朝前期，康熙皇帝用理学治国，用各民族团结代替战国以来的"长城线"边防思维，今天中国五十六个民族、幅员辽阔的疆域领土、大国的自信，等等，都是那个时候奠定的。康乾盛世是中国古代五大盛世中成就最高的盛世，康熙皇帝治国理政的经验教训值得总结。

从历史上看，历代帝王圣贤皆重视治国理政、安民惠民，这是经济义理之学所以能成为中国传统文化核心特征的一大重要因素。

笔者以为，在追求学问之路上，大致可以分为四重境界来涵养：

第一重境界，专业之学。也可以称为职业之学，是人们讨生活、养家庭，生存于天地、社会间必具的一门专业学问。只要努力与坚持，人人可为，尽管会有程度高低不同。

第二重境界，为己之学。也可以说是兴趣之学、爱好之学、养基之学。对于这种学问，没有功利，不为虚名，只为爱好而为之。

第三重境界，立心之学。在尽可能走尽天下路、阅尽阁中书，充分汲取天地人文精华的基础上，立志尽己之能为人间留一点正能量的东西，哪怕是炳烛、萤火之光。

第四重境界，治国平天下之学。这种学问在实践上有诸多苛刻条件的限制，无职无位无权者很难走得更远；在理论上也需要有远大抱负、超凡脱俗之人来建树。做这种学问的目的，在于"为万世开太平"，为民族为国家之繁荣富强，为民众之安康福祉，生命不息，追求不已。

从格局上看，古人读书写作多非专职，由兴趣爱好适意为之，因为不是为了"衣食"，故以"为己"之学为多，其旨意亦多追求"立德立功立言"，在著作上讲究"经济义理考据辞章"。窃以为，古人眼中的"经济"，远不是今人所说的"经济"。"经"者，经邦治国；"济"者，济世安民也。经邦治国，济世安民才是古人心中的"经济"之学。"义理"是追求真理，为世人立心，替生民立命。"考据"重在材料在学术研究中的选择及运用。"辞章"则是重视文采的斑斓与华丽。对"经济""义理"的向往和追求是国人的动力，是第一位的。孔子曰："言而无文，行之不远。"此"文"说的就是"经济""义理"。"考据"需要勤奋、细心、谨慎、坚持就可以做到。"辞章"则往往与人的天赋与性格关系很大，千人千面，很多不是通过努力就能达到的。姚鼐在《述庵文钞·序》上说："余尝论学问之事，有三端焉，曰：义理也，考证也，文章也。"章学诚在《文史通义·说林》中说："义理存乎识，辞章存乎才，征实存乎学。"今天，如何学习与继承中国古人优良的著述传统，在生活实践中树立"修齐治平""家国天下""立德立功立言"三不朽意识，将"经济义理考据辞章"融会贯通，目前还有很多值得努力的地方。

从学术角度言，一部好的史学作品，离不开对史料的抉择与作者论述的到位。资料的充实、可靠，作品的立意高格、布局得体是形成一部好作品的必要条件，尤其是资料是否充实、可靠更是研究工作的基础。很明显，本丛书的立意布局都需要充实的资料来讲话。不幸的是，中国虽然是一个历史大国，然而扫去历史的尘埃，一旦进入相关领域认真搜寻探究，就会发现，史料的不足与缺乏成为制约史学作品完善与深入的瓶颈。从现有资料看，研究周公治国主要有《周易》《今古文尚书》《周礼》《仪礼》等；商鞅有《商君书》、出土的文物、《史记》等，孔子有五经、《论语》等；秦始皇有《史记》中的《秦始皇本纪》《秦本纪》，以及一些出土的秦简、文物等；汉高祖、汉武帝有《史记》《汉书》及汉人留下的一些著作；唐太宗有《贞观政要》《新唐书》《旧唐书》等；宋太祖有《宋史》《续资治通鉴长编》《续资治通鉴》等；王安石有《王安石全集》《宋史》《续资治通鉴长编》等；张居正有《张太岳集》《明史》《明实录》等；康熙皇帝有《康熙政要》《清史稿》《康熙起居注》《清实录》等，可作为参考。但说实话，这些资料仍然很不够，一句话，资料的缺乏与不足影响了本丛书认识与探索的空间，这也是美中不足、无何奈何的事情。

此外，史学作品要求一切根据资料讲话的特点，也决定了其风格只能是如绘画中的工笔或白描，而不能采用写意的手法，随意挥洒，这也影响了作品的表达形式。

本丛书是为人民大众服务的，首先，需要风格活泼、生动、有趣味，文字通俗、流畅、易懂、可读；其次，力求作品的学术性、严肃性与准确性。也许，只有在坚持学术性、严肃性与准确性的前提下，把学究式的文风变成人民大众喜闻乐见的文风，才能收到更广泛的社会效应。但我深知，很多地方还远远没有做到。"路漫漫其修远兮，吾将上下而求索。"大众学术一直是笔者努力的方向。

目前，中国正在进行伟大的变革，如何推进国家治理体系和治理能力现代化，这既是全面深化改革的热点，更是一个难点问题。在中国这样一个具有悠久历史和文化传统的国度里，我们必须遵循中华民族自身的发展规律，循序渐进地向前迈进。

习近平总书记指出："一个国家选择什么样的国家制度和国家治理体系，是由这个国家的历史文化、社会性质、经济发展水平决定的。"这提醒我们，中国的发展道路具有中国自身特色，实现中国国家治理现代化，离不开中国历史传承和文化传统，离不开中国经济社会发展水平，离不开中国人民自己的选择。

历史与文化是"民族的血脉，是人民的精神家园"，历史不能割断，实现中国国家治理现代化，需要中国"历史传承和文化传统"，源于"古"而成就于"今"，从中国古代的政治实践中汲取有益的营养，努力探寻传统文化的现代转化，为构建当今和谐社会提供借鉴，这是本丛书问世的目的所在。

希望这套小丛书能够多少帮助到对中国古代政治史感兴趣的人们！

作者 2020 年底于京城海淀

目　录

前　言　管仲的奇缘

　　管仲，姬姓，名夷吾，字仲，谥敬仲。由于先秦时期姓、氏有别，男子一般称氏而不称姓，故称管仲。

　　姬姓为黄帝之姓，因黄帝居于姬水，以姬为姓，故得姬姓。管氏的起源，历史上主要有管叔鲜、周穆王、鲁大夫三种说法，而以起源于管叔鲜一说影响最为广泛。据《史记》记载，叔鲜是周文王的第三子、周武王之弟、周公之兄。周武王灭殷建周后分封诸侯，将叔鲜分封到管，建立了管国，并以管为氏，称管叔鲜，于是便有了管氏。管地在今河南郑州境内。周武王死后，商纣王之子武庚联合管叔、蔡叔、霍叔三监发动叛乱。周公东征，杀武庚，诛管叔，流放蔡叔、霍叔。管叔鲜被杀之后，失去了封国，其后代子孙便四散流落到了其他地方。作为管叔鲜后裔的一支，管仲的先祖在失去封地后流落到齐地临淄附近。公元前716年，管仲生于齐地，距离周平王东迁洛邑仅仅晚了五十四年。

　　春秋初期，经过郑庄公小霸、周郑交质事件，诸侯逐渐觊觎坐大，周王室则日渐衰微。此时虽然乱象丛生，周王也已经无力控制诸侯，但王权的影响力仍然存在，礼乐秩序仍然具有一定的生命力。但形势发展正如《说苑·尊贤》所言："春秋之时，天子微弱，诸侯力政，皆叛不朝，众暴寡，强劫弱，南夷与北狄交侵，中国之不绝若线。"[①] 中国历史已经发展到了一个诸侯争霸的新时代。这是管仲相齐前后的社会历史背景。

管仲早年家境十分贫穷，生活经历坎坷。《战国策》说他经商不得志而隐居："管仲，其鄙人之贾人也，南阳之弊幽。"[②] 鄙，国都之外的郊野曰鄙。贾，指的是商贩。此之"南阳"，并不是今河南之南阳或诸葛亮的躬耕地之南阳，而是指春秋时期在齐、鲁交界一带、泰山以南地区的"南阳"。山之南曰阳，故称泰山以南地区为"南阳"。"弊幽"是说生计艰难窘迫而隐居。这个记载告诉我们，管仲早年只是一个生活于郊野的小商贩，在南阳一带做生意而又常常不得志，因为失败的经商经历，他曾经因生计窘迫而隐居无闻。

《管子》一书中还记载有管仲本人的自白，说他曾经做过养马的小官吏，深感傅马栈最难："桓公观于厩，问厩吏曰：'厩何事最难？'厩吏未对，管仲对曰：'夷吾尝为圉人矣，

---

① （汉）刘向撰：《说苑校证》，向宗鲁校证，中华书局1987年版，第174页。
② 童书业著：《春秋史料集》《战国策》秦五，童教英辑校，中华书局2008年版，第325页。

傅马栈最难。先傅曲木，曲木又求曲木，曲木已傅，直木毋所施矣。先傅直木，直木又求直木，直木已傅，曲木亦无所施矣。'"①"圉人"指的是掌管养马放牧等事的小官吏，也泛指养马的人。管仲自称"尝为圉人"，是说他曾经做过掌管养马的小官吏，或者是亲自为人养过马。所以他能够了解马厩里面的事务中"傅马栈最难"。"傅"，编次，是编排的意思。"栈"，这里是指竹木编成的牲畜棚或栅栏。"傅马栈"就是编排供马站立休息的栅栏。意思是说，养马的人编排马栅栏的时候是很难的。编排中要用到很多木头，有直的，也有弯曲的。先用直的，到后面弯的就没法用；先用弯的，到后面直的就没法用。所以，最好的办法是把直的和弯的灵活调剂使用。常言道，物以类聚，人以群分；正邪不两立。管仲借"傅马栈"一事讽劝齐桓公应重视对人才的选择，注意任用正直、贤明的官员。这段记载告诉我们两个信息，一是管仲早年的经历中曾给人家养过马；二是管仲是一个擅长从生活中发现并不断积累政治智慧的人。

刘向在《说苑·尊贤》中说："管仲，故成阴之狗盗也，天下之庸夫也，齐桓公得之，以为仲父。"②"成阴"，在现今

① （明）刘绩补注：《管子补注》卷16《小问》，姜涛点校，凤凰出版社2016年版，第345页。

② （汉）刘向撰：《说苑校证》卷8《尊贤》，向宗鲁校证，中华书局1987年版，第177页。

山东潍坊高密境内。可见早年的管仲生活于现在的高密一带，穷困潦倒，事无所成，还被人视为鸡鸣狗盗之徒。

对于管仲的早年生活，流传最广的还是《史记·管晏列传》中管仲自述的一段话："吾始困时，尝与鲍叔贾，分财利多自与，鲍叔不以我为贪，知我贫也。吾尝为鲍叔谋事而更穷困，鲍叔不以我为愚，知时有利不利也。吾尝三仕三见逐于君，鲍叔不以我为不肖，知我不遭时也。吾尝三战三走，鲍叔不以我为怯，知我有老母也。"①这段话高度概括了管仲早年坎坷的生活经历。本意是说，管仲年轻的时候与鲍叔牙在一起，做买卖要多分利，做官也不成器，作战又不勇敢，鲍叔牙对他的这些行为都非常了解，给予了充分的理解和包容，管仲非常感激鲍叔牙的这份知遇之恩。"管鲍之交"因此而成为中国历史上著名的人际交往的成功典故。这段材料告诉我们的信息还有，早年的管仲曾经有过经商、当兵、入仕的各种经历，但都没有成功，坎坷之中饱受了冷眼、冷落与挫折。青年管仲生活艰辛的落寞之感留给人们的印象是十分深刻的，一句"生我者父母，知我者鲍子也"道出了管仲对人间冷暖的体味与感知。

事实上，管仲的成功，除了遇到贵人鲍叔牙外，主要还与齐桓公拜他为相、共襄齐国大业有着极其重要的关系。管

---

① （汉）司马迁撰，（南朝宋）裴骃集解，（唐）张守节正义：《史记》卷 62《管晏列传第二》，中华书局编辑部点校，中华书局 1982 年版，第 2132 页。

仲之所以能够成就恢弘的政治伟业，最为关键的因素是他遇到了齐桓公这样一位英明包容的君主。齐桓公满足了管仲的一切条件与要求，为他提供了一个充分施展才能的广阔舞台，让他做了齐国的国相。没有襟怀坦荡、气度非凡的齐桓公，管仲便不会有这个充分施展才能的舞台。所以，管仲一生，成功的关键在于被鲍叔牙发现并举荐，被齐桓公拜为齐国国相并且得到充分的信任与授权。

然而，管仲之成为齐桓公的国相，也并不是一帆风顺的，其间经历了一个十分复杂的戏剧性的过程。

管仲出生时的齐釐（僖）公时代，齐国对外依仗周天子授予的"东至海，西至河，南至穆陵，北至无棣，五侯九伯，实得征之"的征伐特权，对内采用开国之君姜太公制定的"因其俗，简其礼"的开明政策和"通商工之业，便鱼盐之利"[1]的开放经济策略，此时已初显东方大国之威力，形成了以齐国为主的齐、鲁、郑、宋、卫的联盟。对此，《国语·郑语》记载说："齐庄、僖于是乎小伯。"[2]伯，霸也，这是说齐国已具有称霸的实力。

齐釐（僖）公有三个儿子，长子公子诸儿，次子公子纠，三子公子小白。公子诸儿即位，即齐襄公，他借先人之余威，耀武扬威，连续对外进行征伐，主要目标是吞并纪国。因为

---

① （汉）司马迁撰：《史记》卷 32《齐太公世家第二》，第 1480 页。
② 童书业著：《春秋史料集》《国语·郑语》，第 162 页。

纪国曾向周天子进谗言，使齐国的第五代国君哀公被周王烹杀。因为这件事，齐国和纪国结下了仇恨。齐国强大起来以后，为报此仇必以征服纪国为目标。公元前690年，齐国灭亡纪国。齐襄公灭纪后，又于公元前686年灭郕，齐国的国土面积大幅度增加。齐襄公虽然扩大了齐国的疆土，但个人生活荒淫，执政残暴，言行无常，结果不仅外面四处树敌，而且引发了国内的内乱，公子纠和小白害怕祸及自身，各自出奔他国。管仲、召忽辅佐公子纠跑到了鲁国，这是因为公子纠之母为鲁女，鲁在当时还是大国。鲍叔牙辅佐公子小白跑到了莒国，这是因为公子小白之母为莒女，当时莒国的力量也比较强大。不久，齐襄公在宫廷内乱中被杀身亡，齐国的最高权力随之出现了真空的状态。

事实上，按照《国语》《史记》《管子》等典籍的记载，齐釐（僖）公让管仲、召忽做了公子纠的傅，让鲍叔牙做了公子小白的傅。"傅，辅也"，相当于后来的辅佐、师傅、教师，含有"相"的意思，主要职责是教导与帮助公子成长。"傅"是一个参与政治博弈味道很浓的职务。这说明管仲早在齐釐（僖）公时期就已经开始参与了齐国宫廷的政治活动，与鲍叔牙、召忽在齐国宫廷之内形成了一个关系紧密的政治智囊团体。对此，召忽说得很是直白："吾三人者之于齐国也，譬之犹鼎之有足也，去一焉则必不立矣。"①

　　齐襄公被杀后，公子纠与公子小白展开了你死我活的齐国国君之位的争夺。先是鲁国与齐大夫密谋纳公子纠回国继承君位，而公子小白自幼与齐国正卿高傒关系密切，齐大夫商议确立新君时，高傒已暗中派人到莒国召公子小白归齐即国君之位。二者明争暗斗的结果，导致了君位争夺的斗争逐步升级。于是，鲁国派出了军队护送公子纠回国抢占君位，莒国也派出了军队护送公子小白回齐国抢占君位。从地理位置上看，莒国在齐国的东南方，鲁国在齐国的西南方。就在两国的军队同时向齐国进发的同时，为防止公子小白捷足先登，随同鲁军前进的管仲率领一支小分队，朝着拦截莒国军队的方向赶去，意图阻止公子小白回齐国抢占君位。管仲率领的军队在半路上与鲁国护送公子小白的队伍相遇，管仲一箭射倒小白，鲁国护送公子纠的军队以为小白已死，便放慢了行军速度。但当公子纠到齐境时，小白已经即位成为齐国新君。原来管仲一箭仅射中小白衣带钩，小白急中生智倒下装死，迷惑了对手，抢先归国，在齐国高、国二氏的帮助下即位，小白就是齐桓公。齐桓公即位不久，鲁庄公亲自率军伐齐。鲍叔牙率齐军迎战，结果鲁军大败。齐军直抵鲁国都城，在齐国的要求下，鲁庄公杀公子纠，迫召忽自杀，并将管仲囚送齐国。原

---

① （明）刘绩补注：《管子补注》卷7《大匡第十八》，第121页。

来鲍叔牙深知管仲有治国之才，于是将管仲极力推荐给齐桓公，说如要成就霸业，非用管仲不可，齐桓公于是接受鲍叔牙的推荐，不计前嫌，任命管仲为上卿，委以国政。《管子·小匡》中记载了这样一个非常著名的故事：

　　桓公自莒反于齐，使鲍叔牙为宰。鲍叔辞曰："臣，君之庸臣也，君有加惠于其臣，使臣不冻饥，则是君之赐也。若必治国家，则非臣之所能也，其唯管夷吾乎！臣之所不如管夷吾者五：宽惠爱民，臣不如也；治国家不失秉，臣不如也；忠信可结于诸侯，臣不如也；制礼义可法于四方，臣不如也；介胄执枹，立于军门，使百姓皆加勇，臣不如也。夫管仲，民之父母也。将欲治其子，不可弃其父母。"公曰："管夷吾亲射寡人，中钩，殆于死，今乃用之，可乎？"鲍叔曰："彼为其君动也，君若宥而反之，其为君亦犹是也。"公曰："然则为之奈何？"鲍叔曰："君使人请之鲁。"公曰："施伯，鲁之谋臣也。彼知吾将用之，必不吾予也。"鲍叔曰："君诏使者曰：'寡君有不令之臣在君之国，愿请之以戮群臣。'鲁君必诺。且施伯之知夷吾之才，必将致鲁之政。夷吾受之，则鲁能弱齐矣。夷吾不受，彼知其将反于齐，必杀之。"公曰："然则夷吾受乎？"鲍叔曰："不受也，夷吾事君无二心。"公曰："其于寡人犹如是乎？"对曰："非为君也，为先君与社稷之故，君若欲定宗庙，则亟请之。不然，无及也。"

　　公乃使鲍叔行成，曰："公子纠，亲也，请君讨之。"鲁人为杀公子纠。又曰："管仲，雠也，请受而甘心焉。"鲁君许诺。施伯谓鲁侯曰："勿予。非戮之也，将用其政也。管仲者，天下之贤人也，大器也。在楚则楚得意于天下，在晋则晋得意于天下，在狄则狄得意于天下。今齐求而得之，则必长为国忧。君何不杀而授之其政？"鲁君曰："诺。"将杀管仲。鲍叔进曰："杀之齐，是戮齐也；杀之鲁，是戮鲁也。弊邑寡君之贼得之，以殉于国，为群臣戮。若不生得，是君与寡君之贼比也。非弊邑之君所谓也，使臣不能受命。"于是乎鲁君乃不杀，遂生束缚而榇以予齐。①

管仲归齐执政后，在齐桓公等人的支持下，全面推行改革：定四民之居，使各安其业；制国鄙之制，叁其国而伍其鄙；军政合一，寄军令于内政；尽地力，官山海，正盐策；尊王室，亲邻国，攘夷狄。齐桓公遂因此成为春秋第一位霸主。

综上可见，管仲的成功，首先，应该得益于他遇到了豁达而公直的朋友鲍叔牙；其次，得益于乱世齐国为他提供了一个可以施展才能的平台；最后，有幸遇到雄心大志、欲成就霸业的齐桓公，更是直接成就了管仲成功治理齐国的一段佳话，使他得以跻身春秋时期大政治家的行列。

作为中国早期历史上的一位伟大政治家、思想家、军事家、外交家与改革家，管仲既是崇尚礼治的理想主义者，又是"尊贤尚功"十分务实的政治家；他重视农业，又大力发

---

① （明）刘绩补注：《管子补注》卷8《小匡第二十》，第145—146页。

展工商业，壮大了齐国的经济实力；他的行政制度和选官制度改革，开始了世袭贵族政治向官僚政治的转变，使齐国政治增加了活力。他的诸项改革，对春秋战国时期的各国改革都有重要的影响。管仲在"尊王攘夷"的旗帜下，抵御戎狄内侵，保卫中原先进文明，得到了后人的高度评价。孔子说："管仲相桓公，霸诸侯，一匡天下，民到于今受其赐。微管仲，吾其被发左衽矣。"①管仲去世后，后人感念管仲治国理政的辉煌业绩，将管仲治齐的经验进行了总结和阐释，逐渐形成了管子思想，并促成了《管子》一书的行世。《淮南子·要略》说："桓公忧中国之患，苦夷狄之乱，欲以存亡继绝，崇天子之位，广文武之业，故《管子》之书生焉。"②《韩非子·五蠹》说："今境内之民皆言治，藏商、管之法者，家有之。"③由此可见，最迟至战国末期，管仲的治理思想已经得到了当时社会有识之士的普遍认同。

---

① （梁）皇侃撰：《淮南子今注》卷21《要略》，凤凰出版社 2013 年版，第 448 页。

② 马庆洲注释：《论语义疏》卷7《宪问第十四》，高尚榘校点，中华书局 2013 年版，第 367 页。

③ 童书业著：《春秋史料集》《韩非子·五蠹》，第 288 页。

第一章　政之所兴　在顺民心

　　在治理国家过程中，任何一个盛世朝代，任何一个有为政府，没有不把顺民心、安民、富民、爱民、重民放在一个极其重要的位置的。道理很简单，这是因为民众生活富裕了，社会才能够安定，一旦民众生活贫苦，自然就会引发诸多的社会问题。遍览中国历史，凡是社会处于治世的时候，百姓往往是安居乐业，生活太平，而到了朝代的末期，往往是天灾人祸频发，财富分配出现两极分化的情况，贪官污吏横行，而民众却生活在饥寒交迫之中，于是，朝代更替、政权灭亡的乱象就会发生。因此，对于治国者而言，"民本"思想是一种治国方略，尊重民众的愿望，让百姓过上富裕的生活，是为政最紧要的一件事情。管仲相齐，遵循"君霸王，社稷定；君不霸王，社稷不定"的政治规律，以民为本，注意关切民众的力量和民心的向背，安抚百姓，发展经济，"仓廪实则知礼节，衣食足则知荣辱"，"顺民心"，"藏富于民"，才最终造就了齐国的霸业。

一、为政之道，以民为本

民本，就是以百姓为根本，就是要求统治者在治理国家的过程中重视与保护民众的利益。所谓民本思想，就是把民众当作国家兴旺的根本。

民本思想是中国传统政治文化中源远流长的珍贵历史遗产，它的内涵随着历史的发展不断丰富与完善。在中国传统国家治理过程中，民本思想或强或弱，时起时伏，以民为本的理念落实如何，始终与统治者的自身素质和社会发展的兴衰息息相关。

民本思想是中国传统政治文化的精华，是儒家政治理论的基石。历代进步的思想家和开明的政治家都将民本思想高举为治国安邦的指导思想。《尚书·五子之歌》中说："民可近，不可下，民惟邦本，本固邦宁。"①朱熹的学生蔡沈在《尚书集注》中阐释说："君之与民，以势而言，则尊卑之分，如霄壤之不作，以情而言，则相须以安，犹身体相资以生也。故势疏则离，情柔则合。以其亲，故谓之近，以其疏，故谓之下，言其可亲而不可疏之也。且民者，国之本也，本固而后国安，本既不固，则虽强如秦，富如隋，终亦灭亡而

---

① （清）阮元校刻：《十三经注疏（清嘉庆刊本）》《尚书正义》卷7《五子之歌》，中华书局2009年版，第329页。

已矣。"①民本思想有重视人民力量的倾向,在历史上起到过消解矛盾、调和秩序、促进社会发展的功效。对中华民族的繁衍生息、团结发展、政治通达、经济文化繁荣昌盛作出了重要的贡献。

中华民族数千年的历史进程表明,民本思想与民族兴亡、王朝兴衰、社会治乱、民众苦乐密切相关。就中国古代而言,"敬德保民""民为邦本"的民本思想作为一种政治观念和统治者的执政术,因其不伤害封建专制的君主本位观念,并能借其实现长治久安,自然就成为有为君主执政的座右铭。因此,民本思想方能自古流传、发展并延续不衰。"以民为本"最初是以"后非众无与守邦"的说法出现于夏,而形成于商,成熟于西周时期,继续完善于春秋战国时期,并经历代发展逐步趋于完善。民本思想,在中国古代社会是一种关于治国安邦必须以民众为根本的政治观念,其基本点就是如何处理君主及其国家同民众之间的相互关系问题,是中国传统文化中的一项重要内容。统治者要达到"至于万年"的目的,"惟王子子孙孙永保民"②才行。民众的重要性被统治者认识后,民本思想就逐渐成了历代有为执政者的治政术。

民本思想伴随中国古代政治文化的始终,其端倪可追溯

---

① (宋)蔡沈撰:《书集传》卷2《夏书·五子之歌》,王丰先点校,中华书局2018年版,第89页。

② 童书业著:《春秋史料集》《尚书·周书·梓材》,第215页。

到殷周之际，《尚书·商书·盘庚中》中有"古我前后，罔不惟民之承保"①《尚书·商书·盘庚上》有"施实德于民"②等说法。《尚书·商书·太甲下》也说："德惟治，否德乱"。③殷商的灭亡使周人惊觉民心向背的巨大力量，周公阐发了重德保民的理论，认为民意是上天意志的映现，天的威严与诚心可从民情中透视出来，"天畏棐忱，民情大可见"④。随着重民意识的增进与提升，渐次在统治者中形成了以民为本、重民恤民的政治思想。

民本思想在中国古代的萌生有其特定的社会历史背景。中国古代以农立国，强调农本，民本思想根植于农本之中，与农本思想互为表里，"夫民，神之主也。是以圣王先成民而后致力于神"⑤。"得民心"与"得天下"的关系，以及如何"得民心"，春秋时期的管仲就说得很是明白：治理国家，称雄天下"人不可不务也，此天下之极也"⑥。"夫争天下者，必先争人"。⑦战国时期的孟子则说得更是直接清楚明白。"得天下有道：得其民，斯得天下矣。得其民有道：得其心，斯

① 蔡沈撰：《书集传》卷3《商书·盘庚中》，第123页。
② 蔡沈撰：《书集传》卷3《商书·盘庚上》，第121页。《尚书·盘庚上》。
③ 蔡沈撰：《书集传》卷3《商书·太甲下》，第113—114页。
④ 蔡沈撰：《书集传》卷3《商书·康诰》，第191页。
⑤ 童书业著：《春秋史料集》《春秋左传·桓公六年》，第9页。
⑥ （明）刘绩补注：《管子补注》卷3《五辅第十·外言一》，第63页。
⑦ （明）刘绩补注：《管子补注》卷9《霸言第二十三·内言六》，第172页。

得民矣。得其心有道：所欲与之聚之，所恶勿施，尔也。"①
得民心者得天下；失民心者失天下。这个思想实际上是生成
于春秋战国时期而衍化于秦汉以后的民本思想的通俗表述。
漫长的中国古代社会，"以民为本"的执政理念似乎成了统治
者政治合法性的基本尺度，成为民众权利主体资格和政治诉
求的终极凭借。它给统治者戴上了一副"紧箍咒"，在某种程
度上成了民众利益的保护伞。

　　"以民为本"思想作为一种执政理念，经历了远古时期的
"天本"、殷商时期的"神本"，而成熟于周代，它不是上帝
的恩赐，更不是统治者的施舍，而是关联着"《春秋》之中，
弑君三十六，亡国五十二，诸侯奔走不得保其社稷者不可胜
数"②的惊心动魄的历史事实，凝结着大量的失政教训，饱含
着哲人的沉思。千载以降，民本思想已经成为历代士大夫精英
的政治信条，它哺育了一批关心民众疾苦的思想家、文学家和
政治家，鼓励着一批先行者前赴后继颠覆以皇权为中心的专
制主义统治。因此，以"民惟邦本，本固邦宁"为经典表述的
民本思想，有着巨大的本原大义和深厚而辽阔的意蕴空间。

　　以民为本在春秋战国时代能够成为一种思潮，有着深刻
的社会历史原因。春秋战国时期，是中国历史上的一个转型

---

　　① （清）阮元校刻：《十三经注疏（清嘉庆刊本）》十三《孟子注疏》卷7下
《离娄章句上》，第5918页。
　　② （汉）司马迁撰：《史记》卷130《太史公自序第七十》，第3297页。

时期，是中国从封建贵族制向郡县官僚制变革的关键时期。尤其是春秋时期，连年不断的兼并战争，给国家的安定与人们的生活带来了巨大的灾难，给生产力的发展造成了巨大的破坏，有为之士呼吁统治者要"爱人"，要给人们一个安定的休养生息的生活空间，要重视民众在国家政治生活中的重要作用。管仲相齐，就是顺应时代的要求，站在政治家的高度，首先将民本问题努力落在治国的实处。

"民本"一词最早见于春秋时期的《尚书》《管子》等文献典籍中。《管子·霸形》说："桓公变躬迁席，拱手而问曰：'敢问何为其本？'管子对曰：'齐国百姓，公之本也'。"①《管子·霸言》中讲"夫霸王之所始也，以人为本，本理则国固，本乱则国危"。②管仲相齐，注意安抚百姓，发展经济，才创造了齐国的霸业。《左传》中比较集中地反映了以重民为主的民本思想。《左传》中没有明晰标示"民本"一词，但从书中屡屡出现的"保民""爱民""成民""得民""有民""恤民""抚民""利民"等主张中可以切脉这种思想倾向，师旷说："天之爱民甚矣，岂其使一人肆于民上，以从其淫，而弃天地之性？必不然矣。"③司马子鱼说："祭祀以为人也。民，神之主也。"④"邾

---

① （明）刘绩补注：《管子补注》卷9《霸形第二十二·内言五》，第166页。
② （明）刘绩补注：《管子补注》卷9《霸言第二十三·内言六》，第175页。
③ （清）洪亮吉撰：《春秋左传诂》卷12《襄公一》，季解民点校，中华书局1987年版，第535页。
④ （清）洪亮吉撰：《春秋左传诂》卷7《僖公一》，第302—303页。

文公卜迁于绎，史曰：'利于民而不利于君'，邾子曰：'苟利于民，孤之利也。天生民而树之君，以利之也。民既利矣，孤必与焉"①。《左传》注重考察人心向背在政治活动中的作用，凸显出进步的民本史观。

齐国的开国国君姜太公认为：

> 天下非一人之天下，乃天下之天下也。同天下之利者则得天下，擅天下之利者则失天下。②

姜太公在阐明君与民关系的基础上，主张"为国之大务"，在于"爱民而已"。

> 故善为国者，遇民如父母之爱子，兄之爱弟。闻其饥寒为之哀；见其劳苦为之悲。③

姜太公认为统治者只有得到民心，才能得到国家，得到天下。他说：

> 无取于民者，取民者也；无取于国者，取国者也；无取于天下者，取天下者也。④

---

① （清）洪亮吉撰：《春秋左传诂》卷9《文公》，第377—378页。

② （清）马骕撰：《绎史》卷19《三代第九·文王受命》，王利器整理，中华书局2002年版，第298页。

③ （清）马骕撰：《绎史》卷20《三代第十·武王克殷》，第268页。

④ （清）魏征等撰：《群书治要》卷31《六韬·武韬》，沈锡麟整理，中华书局2014年版，第371页。

　　由此可见，姜太公是齐国以人为本思潮的启蒙者和实践者。姜太公的这一思想在管仲相齐时得到了进一步的继承与发展。在反映管仲思想的《管子》一书中，"以人为本"的概念出现了。管仲"以人为本"观念中的"人"，已不是过去专指统治阶级的"人"的概念，而是与统治者相对的广大一般人群，即士、农、工、商阶层的"民"的概念。管仲"以人为本"观念中的"本"，就是指把士、农、工、商阶层的一般人群视为国家的根本，认为他们是国家的基础，主张提高他们的社会地位。所以，《管子·霸言》说：

　　　　尧舜之人，非生而理也；桀纣之人，非生而乱也。故理乱在上也。夫霸王之所始也，以人为本。本理则国固，本乱则国危。①

据《说苑·建本》记载：

　　　　齐桓公问管仲曰："王者何贵？"曰："贵天。"桓公仰而视天。管仲曰："所谓天者，非谓苍苍莽莽之天也。君人者以百姓为天。百姓与之则安，辅之则强，非之则危，背之则亡。"②

────────

① （明）刘绩补注：《管子补注》卷9《霸言第二十三·内言六》，第175—176页。
② （汉）刘向撰：《说苑校证》卷3《建本》，向宗鲁校证，中华书局1987年版，第73页。

　　《管子》不仅首次明确提出"以人为本"即"以民为本"的观点，而且还明确指出"君人者以百姓为天"，百姓不仅是人，而且是天，是君者的天。起码从管子开始，人本思想已经正式走上了中国历史的思想大舞台。

　　到了战国时期，孟子将先秦时期的民本思想发展到了一个新的阶段。他认为人民是诸侯之宝，是统治者荣辱得失的关键，主张统治者应该听从民众的声音，要与民共忧同乐，并且痛骂"倒悬""陷溺"其民的国君为"一夫"。孟子综括了春秋以来的历史经验教训，宏论民贵君轻，"民为贵，社稷次之，君为轻。是故得乎丘民而为天子，得乎天子为诸侯，得乎诸侯为大夫"[①]，"得民心者得天下"的思想，成为历代统治者维护统治的座右铭。荀子继孟子之后，对民本思想作了进一步的阐发。一方面，他主张"爱民""利民""裕民"，认为立君为民而不是生民为君，"天之生民，非为君也；天之立君，以为民也"[②]。上天创造民众，不是为了供养君主一人，上天设立君主，却是为了天下万民的。另一方面，荀子提出君民舟水论的新观点，人民的意志是不可违逆的，他将人民与国君的关系形象地喻为水与舟的关系，"君者，舟也；庶人

---

① （清）焦循撰：《孟子正义》卷28《尽心章句下》，沈文倬点校，中华书局1987年版，第973页。

② （战国）荀况著：《荀子简释》第27篇《大略》，梁启雄著，中华书局1983年版，第376页。

者，水也。水则载舟，水则覆舟"①。正因为君民如舟车，所以为君者必须爱民，"君人者，爱民而安，好士而荣，两者无一焉而亡"②。孟子、荀子等人对民本思想的经典阐释，实际上也是对春秋时期管仲治国所推行的"以民为本"政治主张的一种总结与深化。

二、治理之道，首在富民

既然"以民为本"成为管仲的治国理念，那么他在实践中是怎样贯彻落实这一理念呢？

《管子》说：

> 治民有常道，而生财有常法。③

《管子》这里说的"常道""常法"，就是执政要因天地之道，治国要顺应民众要求。

《管子》还说：

> 法出乎权，权出乎道。④

---

① （战国）荀况著：《荀子简释》第9篇《王制》，第102页。
② （战国）荀况著：《荀子简释》第12篇《君道》，第165页。
③ （明）刘绩补注：《管子补注》卷10《君臣上第三十·短语四》，第210页。
④ （明）刘绩补注：《管子补注》卷13《心术上第三十六·短语十》，第279页。

《管子》这里所说的"道"，是指无偏私之心和偏私之欲。《管子》认为，天因其大，才能兼覆万物；地因其大，才能兼载万物。天兼覆而无外，其德无所不在；地兼载而无弃，故能生殖万物。君主圣人应该像天地那样兼覆、兼载万物，像日月那样普照万物，才能够清明审察，不遗善，不隐奸，从而达到劝善止奸、万民莫不为之所用的目的。

《管子·牧民》中有这样一句名言，能充分说明管子的富民思想：

　　仓廪实则知礼节，衣食足则知荣辱。[①]

这句话的意思非常简单，办理政事，首先要注重的就是民生问题。"仓廪""衣食"是人的基本欲望，是人参与社会活动的基本需求；"礼节""荣辱"是对人的基本要求，同样也是人参与社会活动所需的基本要求。但是，两者之间存在着一个先后、高低之分，"仓廪""衣食"，这是人的最基本的物质基础，"礼节""荣辱"，则是高一个层次的意识要求。只有吃饭穿衣问题解决好了，人们才有可能去追求符合社会要求的礼仪和荣辱问题。因此，《管子》讲的需要满足的基本对象显然不只是国君，而是尽可能多的社会群体。《管子》认为，要做到"以人为本"，关键在于爱民、重民、育民、富

---

① （明）刘绩补注：《管子补注》卷1《牧民第一·经言一·国颂》，第4页。

民。要时刻关心民众，知道他们想些什么，希望解决什么，要多为他们做好事，多替他们排忧解难，这样才能获得民心。因为"得众而不得其心，则与独行者同实"①。得人如果没有做到得其心，而只是貌合神离，那统治者又和孤家寡人有什么区别呢？

要"以人为本"，就要重视民心的向背：民心向，则国家强，民心背，则国家亡，这是历史经验反复所证明了的。商纣王的垮台就是明证。对此，《管子·牧民》中有一段精彩的论述：

> 政之所兴，在顺民心；政之所废，在逆民心。民恶忧劳，我佚乐之；民恶贫贱，我富贵之；民恶危坠，我存安之；民恶灭绝，我生育之。能佚乐之，则民为之忧劳；能富贵之，则民为之贫贱；能存安之，则民为之危坠；能生育之，则民为之灭绝。故刑罚不足以畏其意，杀戮不足以服其心。故刑罚繁而意不恐，则令不行矣；杀戮众而心不服，则上位危矣。故从其四欲，则远者自亲；行其四恶，则近者叛之。故知予之为取者，政之宝也。②

这就是说，国家的政策法令只有顺应民心才能得到推行，忤逆了民心就会无法坚持。百姓们害怕忧劳，君主就应该让

---

① （明）刘绩补注：《管子补注》卷10《参患第二十八·短语二》，第199页。
② （明）刘绩补注：《管子补注》卷1《牧民第一·经言一·四顺》，第5页。

他们感到安乐；百姓们憎恶贫贱，君主就应该使他们富裕起来；百姓们担心危祸，君主就应该保全他们；百姓们害怕灭亡，君主就应该养育他们。能让百姓安乐的人，百姓必然愿意为他忧劳；能让百姓富贵的人，百姓必定愿意为他忍受贫贱；能够保全百姓的人，百姓必会愿意为他赴汤蹈火；能够养育百姓的人，百姓也会情愿为他鞠躬尽瘁。所以说，治国仅靠刑罚是不能让百姓感到畏惧的，即使杀头也不足以使他们完全服从。治国刑罚太滥而百姓并不畏惧，那么国家的法令就难以推行；杀人太多而民心不服，君主的地位就会发生危险。所以，只要顺从了百姓希望的上述四种欲望，那么即使疏远的人也会变得很亲近；如果忤逆了民意，即使是亲信也终会背叛。懂得予之为取，这就是执政的法宝。"知予之为取者，政之宝也。"这真可谓是治国的至理名言啊。

要实现"以人为本"，爱民是基础，富民是根本。爱民就要"莅民如父母"，这样民众就会对统治者亲爱之，如果对民众"道之纯厚，遇之有实，虽不言曰吾亲民，而民亲矣"①。历史上，商纣王作为君主，过度役使劳力，夺占民财而危害人民，执政残暴，刑罚惨毒，因而大臣不亲，民众仇怨，最终导致杀身亡国。《管子》鉴于此，指出：

---

① 姜涛著：《管子新注》《形势解第六十四》，齐鲁出版社 2009 年版，第 429 页。

> 明主之治天下也，静其民而不扰，佚其民而不劳。①

明君治理天下，一般总是想法让百姓安定而不扰害百姓，使民众逸乐而不过度劳苦，行政总是顺应势理，尽量地合乎民情。《管子》认为，为政首要的就是要"始于爱民"②。爱民，就要及时解决与民众生产、生活密切相关的问题，就是要"厚其生"，"输之以财"，"遗之以利"，"宽其政"，"匡其急"，"振其穷"③。富民就是要给民众以实际的利益，因"凡人者，莫不欲利而恶害"④，而利民的最好办法就是实行富民之策。如何富民呢？《管子》说："无夺民时则百姓富。"⑤其次，《管子》认为省刑罚、薄赋税、减轻百姓负担、藏富于民，则民可富。《管子·权修》说："取于民有度，用之有止，国虽小必安；取于民无度，用之不止，国虽大必危。"⑥因此，管仲反复告诫统治者要"薄征敛，轻征赋"⑦，因为执政治国"省刑罚，薄赋敛，则民富矣"⑧。《管子》坚决反对"轻用众，使民劳"，因为"舟车饰，台榭广，则赋敛厚矣；

---

① （明）刘绩补注：《管子补注》卷20《形势解第六十四》，第395页。
② （明）刘绩补注：《管子补注》卷8《小匡第二十·内言》，第152页。
③ （明）刘绩补注：《管子补注》卷3《五辅第十·外言一》，第64页。
④ （明）刘绩补注：《管子补注》卷21《版法解第六十六·解四》，第415页。
⑤ 姜涛著：《管子新注》《小匡第二十》，第180页。
⑥ （明）刘绩补注：《管子补注》卷1《权修第三·经言三》，第15页。
⑦ （明）刘绩补注：《管子补注》卷3《五辅第十·外言一》，第64页。《
⑧ 姜涛著：《管子新注》《小匡第二十》，第181页。

轻用众，使民劳，则民力竭矣。赋敛厚，则下怨上矣；民力
竭，则令不行矣；下怨上，令不行，而求敌之勿谋己，不可
得也"①。此外，不征商贾，不禁泽梁，保护工商业的发展，
开发自然资源，这也是富民的主要措施之一。《管子·霸形》
就说"泽梁时纵，关讯而不征"②。山水以时开禁，关卡不征
商贾之税，则自然资源得到保护和开发，这有利于繁荣商业
贸易，促进货物交流，自然有利于经济的发展和人民生活水
平的提高。

《管子》的富民思想和儒家的富民思想是存在一定区别
的。首先，儒家的富民是为百姓的教化、道德的弘扬服务的。
孔子说到富民的时候，总是与对百姓的教化联系在一起的，
对民的"富之"只是使"仁"与"礼"充满社会的某种基础
和必要条件。而孟子在讲到民有"恒产"才有"恒心"的时
候，同样充满了道德的含义。只有给民"恒产"，然后"驱而
至善"，百姓才能"从之"③。可见，儒家的富民是为了使人
民易于教化，儒家之道易于通行。而《管子》是从实用的角
度来看待富民问题的。《管子》的富民不是为了推行道德，而
是为了富国强兵，便于控制和利用人民，以有利于国家的强
盛。虽然《管子》也讲予民利益，但这不是为了使之易于发

---

① （明）刘绩补注：《管子补注》卷1《权修第三·经言三》，第14页。
② 姜涛著：《管子新注》《霸形第二十二》，第197页。
③ （清）焦循撰：《孟子正义》卷3《梁惠王章句上·七章》，第93页。

扬其善，而是为了使之依赖和服从国家。这便是所谓的"予取"理论。

《管子·国蓄》说：

> 民予则喜，夺则怒，民情皆然。先王知其然，故见予之形，不见夺之理，故民爱可洽于上也。①

《管子》主张坚决地将予夺之权、贫富之途控制在君主手中，这是利用民性控制民众的关键：

> 故予之在君，夺之在君，贫之在君，富之在君。故民之戴上如日月，亲君若父母。②

《管子》之所以主张"藏富于民"，是建立在君民互相依赖、互为存在关系的基础上的。这便是《管子·山至数》中所说的：

> 民富君无与贫，民贫君无与富。③

总之，儒家的所谓"富民"，着眼的是社会的和谐与安定，而《管子》的"富民"则着重于发展经济、富国强兵。

---

① （明）刘绩补注：《管子补注》卷22《国蓄第七十三·轻重第六》，第434—435页。

② （明）刘绩补注：《管子补注》卷22《国蓄第七十三·轻重第六》，第435页。

③ （明）刘绩补注：《管子补注》卷22《山至数第七十六·轻重九》，第452页。

春秋战国时代，各诸侯国为争霸多将征战兼并放在行政的首位，但《管子》却反其道而行之，认为"与其厚于兵，不如厚于人"。这里的"厚"就是"富民"，给民众实惠，给民众实际利益。"厚于人"就要"轻其税敛"，"赋禄以粟，案田而税，二岁而税一；上年什取三，中年什取二，下年什取一，岁饥不税"[①]。正是《管子》所倡导并实行的这种富民政策，才使得"民归之如流水"[②]。

《管子》倡导的"以人为本"观反映了社会的进步和时代的要求，顺应了民众的社会地位与本性需要。人固然具有社会性，但同时又具有自然的本性，如果只是强调人的社会性，就很容易把人当作工具来利用；如果只是强调人的自然本性，则又会容易形成无政府主义倾向。因此，从国家管理的角度来说，既要重视人的社会性，又必须充分尊重人的自然本性。这应是管子治国智慧给我们的启示。

三、"治人如治水潦"

管仲相齐的社会历史背景是周王朝已经开始礼崩乐坏，但礼乐制度仍然具有重大的影响力。管仲既是周公治国政策

---

① （明）刘绩补注：《管子补注》卷 7《大匡第十八·内言一》，第 137 页。
② （明）刘绩补注：《管子补注》卷 9《霸形第二十二·内言五》，第 167 页。

与政治制度的坚定维护者，同时他又能够顺应时变，适当调整，与时俱进，这是管仲相齐成功的重要原因。关于这一点，从他的"治人如治水潦，养人如养六畜，用人如用草木"①的治理政策中就能充分地体现出来。

关于如何治理百姓、如何用人行政，我们可以在《管子》一书中找到许多这样的论述。

《管子·权修》说：

> 万乘之国，兵不可以无主；土地博大，野不可以无吏；百姓殷众，官不可以无长。②

《管子·乘马》说：

> 均地、分力，使民知时也。民乃知时日之蚤晏，日月之不足，饥寒之至于身也。是故夜寝蚤起，父子兄弟不忘其功，为而不倦，民不惮劳苦。故不均之为恶也，地利不可竭，民力不可殚。不告之以时而民不知，不道之以事而民不为。与之分货，则民知得正矣；审其分，则民尽力矣。是故不使而父子兄弟不忘其功。③

《管子·禁藏》说：

---

① （明）刘绩补注：《管子补注》卷2《七法第六·经言六·四伤》，第35—36页。
② （明）刘绩补注：《管子补注》卷1《权修第三·经言三》，第14页。
③ （明）刘绩补注：《管子补注》卷1《乘马第五·经言五·士农工商》，第30页。

夫凡人之情，见利莫能勿就，见害莫能勿避。其商人通贾，倍道兼行，夜以续日，千里而不远者，利在前也。渔人之入海，海深万仞，就波逆流，乘危百里，宿夜不出者，利在水也。故利之所在，虽千仞之山无所不上，深渊之下，无所不入焉。故善者势利之在，而民自美安，不推而往，不引而来，不烦不扰，而民自富。如鸟之覆卵，无形无声，而唯见其成。①

《管子·形势解》说：

民，利之则来，害之则去。民之从利也，如水之走下，于四方无择也。故欲来民者，先起其利，虽不召而民自至。设其所恶，虽召之而民不来也。②

《管子·七法》说：

世主所贵者，宝也；所亲者，戚也；所爱者，民也；所重者，爵禄也。亡君则不然，致所贵，非宝也；致所亲，非戚也；致所爱，非民也；致所重，非爵禄也。故不为重宝亏其命，故曰：令贵于宝。不为爱亲危其社稷，故曰：社稷戚于亲。不为爱人枉其法，故曰：法爱于人。不为重禄爵分其威，故曰：威重于爵禄。不通此四者，则反于无有。故曰：

---

① （明）刘绩补注：《管子补注》卷17《禁藏第五十三·杂篇四》，第360页。
② （明）刘绩补注：《管子补注》卷20《形势解第六十四·解二》，第397页。

治人如治水潦，养人如养六畜，用人如用草木。①

以上都是《管子》关于国家治理方面的一些具体论述。从这些论述中，我们可以清楚地看到，《管子》关于人的社会性和自然本性的认识是比较中肯的。关于人的自然本性，他认为就是"见利莫能勿就，见害莫能勿避"②。由于认识到了人的这种趋利避害的自然本性，所以《管子》在国家治理过程中就采用"利"来进行引导。"均地分力"是当时齐国推行的一项土地改革措施，这项措施有一个具体特征，就是将劳动者劳而不获的生产状况改变为劳动者劳而有所获。由于劳动者看到了"多劳多得"的希望，所以，他们便"夜寝蚤起，父子兄弟不忘其功，为而不倦，民不惮劳苦"③了。利益引导虽然是一个行之有效的办法，但作为一个国家来说，如果把人们都引导到一个"利"字上来，显然又是非常危险的，所以，《管子》又主张：

操民之命，朝不可以无政。④

这里的"政"，就是政令、制度的意思。国家管理要用

---

① （明）刘绩补注：《管子补注》卷2《七法第六·经言六·四伤》，第35页。
② （明）刘绩补注：《管子补注》卷17《禁藏第五十三·杂篇四》，第360页。
③ （明）刘绩补注：《管子补注》卷1《乘马第五·经言五·士农工商》，第30页。
④ （明）刘绩补注：《管子补注》卷1《权修第三·经言三》，第14页。

政令和制度来不断地规范人们的社会行为，也就是说，在充分重视人的自然本性需求的同时，必须要高度重视人的社会性，用人的社会性统一人的自然本性。怎样来解决这一问题呢？《管子》给出的办法就是"治人如治水潦，养人如养六畜，用人如用草木"①。

鲧禹治水以后，古人对于水潦的治理办法不外乎阻挡和疏导两种。在国家治理过程中，要规范人们的社会行为，办法同样也不外乎这两种，既要进行有效的引导，也要进行适当的规范。应当说，《管子》把人们对于水的治理办法用到政治上对人的管理，主张"治人如治水潦"，这无疑是一个十分智慧的治理办法。他在"养人"与"用人"上，把人看作是"六畜""草木"，这远不是一个歧视的问题，实际上仍然是把人看作一种会说话的可利用的社会工具。由此可知，《管子》的所谓重民，实际上带有浓厚的时代色彩，带有《管子》为统治阶级服务的阶级立场，这是一种无法改变的事实。我们既不能用今天的观点来评价《管子》的这种观念，也应该看到《管子》这种观念的时代进步性。

在用人问题上，尊贤宠士是齐国的治国用人之策，也是齐文化的重要内容。

《汉书·地理志》记载说：

---

① （明）刘绩补注：《管子补注》卷2《七法第六·经言六·四伤》，第35页。

　　昔太公始封，周公问："何以治齐？"太公曰："举贤而上功。"周公曰："后世必有篡杀之臣。"①

　　这段记载告诉我们的信息有以下几点：首先，齐国的尊贤宠士是在齐太公时期就已经开始的；其次，齐国推行尊贤宠士、举贤尚功的政策，面对的只能是社会劳动者个体，因为只有面对社会个体的人，才会出现"篡杀之臣"，这是一个明显的因果关系；再次，齐太公制定的尊贤宠士的立国传统，对齐国后世产生了极大的影响，周公的分析是正确的，不然就不会用"后世"二字。从齐国漫长的八百多年的发展历史来看，尊贤宠士、举贤尚功，这一优良的传统确实为齐国的发展作出了巨大的贡献，但也引发了许多复杂的社会问题。《管子》论尊贤宠士，实际上就是论对社会劳动者个体的重视。我们从《管子》重视社会劳动者个体的角度来分析，从中可以看出《管子》这种理念里面包含着浓厚的人本理念。《管子·山权数》中有这样一段记载：

　　桓公问于管子曰："请问教数。"管子对曰："民之能明于农事者，置之黄金一斤，直食八石。民之能蓄育六畜者，置之黄金一斤，直食八石。民之能树艺者，置之黄金一斤，直食八石。民之能树瓜瓠荤菜百果使蕃裒者，置之黄金一

────────────

① （汉）班固撰，（唐）颜师古注：《汉书》卷28下《地理志第八下》，中华书局编辑部点校，中华书局1962年版，第1661页。

斤，直食八石。民之能已民疾病者，置之黄金一斤，直食八石。民之知时，曰岁且厄，曰某谷不登，曰某谷丰者，置之黄金一斤，直食八石。民之通于蚕桑，使蚕不疾病者，皆置之黄金一斤，直食八石。谨听其言而藏之官，使师旅之事无所与，此国策之大者也。国用相靡而足，相困揲而奢。然后置四限，高下令之徐疾，驱屏万物，守之以策。有五官技。"桓公问："何谓五官技？"管子曰："诗者所以记物也，时者所以记岁也，春秋者所以记成败也，行者道民之利害也，易者所以守凶吉成败也，卜者占凶吉利害也。民之能此者皆一马之田一金之衣。此使君不迷妄之数也。六家者即见：其时使豫先蚤闲之日受之，故君无失时，无失策，万物兴丰；无失利，远占得失，以为末教；诗记人无失辞；行踔道无失义；易守祸福凶吉不相乱。此谓君栋。"①

齐桓公问管子说："请问教育方法方面的问题。"管子回答说："百姓中能精通农事的，奖赏他黄金一斤，或粮八石；能繁殖养育六畜的，奖赏他黄金一斤，或粮八石；能植树造林的，奖赏他黄金一斤，或粮八石；能种植瓜果蔬菜并使其蕃衍不绝的，奖赏他黄金一斤，或粮八石；能治愈百姓疾病的，奖赏他黄金一斤，或粮八石；能通晓天时，预知年成将歉收、某类谷物将不熟、某类谷物将丰收的，奖赏他黄金一

---

① （明）刘绩补注：《管子补注》卷22《山至数第七十六·轻重八》，第445—446页。

斤，或粮八石；能精通种桑养蚕，使蚕不得病的，奖赏他黄金一斤，或粮八石。国家要认真听取这些专业人才的知识和经验，并记录保存起来，不要让他们去服兵役打仗耽误了专业工作，这是一项重要的治国政策。国家的用度因消费和积累的相互作用而充足。然后设置四周的界限，调节政令的缓急，促成粮食丰产而加入囤积，再用轻重之策加以控制，还要管理好五种有专门技能的人。"

齐桓公问："什么叫管好五种有专门技能的人？"管子说："掌握诗的人可以用来记述事物，掌握天时的人可以用来记录年成，掌握历史的人可以用来记载兴亡成败，掌祭行神的人可以用来指导出行的利害，掌握《易》的人可用来预测凶吉成败，掌握占卜的人可以用来卜算凶吉利害。百姓中能掌握其中一种的都奖赏一块土地、一领衣服，这是使君主摆脱迷惑虚妄的好办法。上述六种技能都能即刻显现其效用：天时能使预先早作报告，因而君主能不失时机，不失对策，万物兴旺丰盛；历史能使君主不失财利，预测将来的得失，作为今后的借鉴；诗能使记述人事时不致言辞不妥；行神使指明道路时不致误入歧途；《易》使掌握祸福凶吉时不致相互淆乱。这都取决于君主的权柄。"

所谓"教数"，就是利用教育传授知识的理财方法。这段记载充分反映了《管子》对于社会劳动者的高度重视。由这段记载我们可以看出，《管子》所奖励的都是直接从事社会实践劳动的专业技术人才。从大类上说，既包括自然科学方面的人才，也包括社会科学方面的人才。在自然科学方面，涉及农业、畜牧业、瓜果业、桑蚕业、医学、气象学等；在社会科学方面，则涉及文学、史学、预测学、理论工作者、道路交通工作者等。这些专业技术人才，基本上包括了社会的各个方面。他们所享受到的待遇有了明确的规定，或"置之黄金一斤，直食八石"，或"一马之田，一金之衣"。对于自然科学工作者来说，还要"谨听其言而藏之官，使师旅之事无所与"。国家既要保存好他们的成果，还要保证他们的安定，甚至于免除他们的兵役。而且，《管子》还明确指出，"教数"是一种有助于国君摆脱蒙昧愚妄的有效方法。

　　总之，管子的民本思想不仅内容丰富，而且具有鲜明的务实特色，这就是以富民强国称霸为目标，以崇贤尚功为基本指导方针，对于巩固统治秩序起到了积极的作用。这一点，既是齐国自身发展过程中积累起来的成功经验，又是管子对中国传统"人本"文化的重要贡献。即使在当今时代，管子所提出的"仓廪实而知礼节，衣食足而知荣辱"的富民观同样也对我们具有积极的借鉴意义，同样也闪烁着治国智慧的光芒。①

---

　　① 参见邵先锋著：《〈管子〉与〈晏子春秋〉治国思想比较研究》，齐鲁书社2008年版，第46—59页。

第二章 法者至道 治国根本

在中国法律思想史上，管仲是最早提出"以法治国"治理理念的政治人物。管仲认为，"以法治国"是统治者的根本权威，运用它就犹如人举手投足，很容易就能够把国家治理成功，即《管子·明法》中所言的"威不两错，政不二门，以法治国则举错而已"。在管仲看来，法律起源于君主治理国家的需要。在上古时代"未有君臣上下之别，未有夫妇妃匹之合，兽处群居，以力相征。于是智者诈愚，强者凌弱，老幼孤独不得其所"，在这种情况下，社会的秩序很混乱，民众善无善报，恶无恶报，恶人猖獗，坏事当道，生产、生活以及生命都没有保障。后来随着社会的发展产生了君王，负责除强暴，兴民生，建立和维护社会秩序。君王为了使众人信服并能威慑众人，不仅自己要具备贤德的品行，还要能够运用赏罚治理众人的手段，即"君之所以为君者，赏罚以为君"。正是基于"一众治民"的需要，君王开始"制法仪，出号令"。为了使民众服从法律，君王又设立官吏大臣执行法律，即"夫生法者，君也；守法者，臣也；法于法者，民也"。这样，法律就适应着君王管理社会和治理民众的需要而产生。管仲反复强调法律的作用就是帮助君王治理国家，这种作用具体体现在两个方面：一是用来建立朝廷威望，即"法者，将立朝廷者也"，而建立朝廷威望的目的在于"尊主行令""兴功惧暴""决疑而明是非""定分止争"；二是通过法律可以利用民众为君王效力，即"法者，将用民力者也"；可以用来决定民众的生死，即"法者，将用民之死命者也"。总之，管仲"以法治国"不是一个空洞的概念，他非常重视法治在治理国家中的重要作用，从立法到施法、守法，他都有十分明确的主张与实践，这从其"不法法则事毋常，法不法则令不行，令而不行则令不法也，法而不行则修令者不审也，审而不行则赏罚轻也，重而不行则赏罚不信也，信而不行则不身先之也。故曰：禁胜于身则令行于民矣""故巧者能生规矩，不能废规矩而正方圆。虽圣人能生法，不能废法而治国。故虽有明智高行，倍法而治，是废规矩而正方圆也"等主张中都可清楚看到这一点。

一、法为治理国家之大本

管子认为，一民之轨，莫良于法，"法者，上之所以一民使下也"[①]，法治运作如何，关系国之安危。显然，在管仲那

---

① （明）刘绩补注：《管子补注》卷15《任法第四十五·区言一》，第320页。

里，治国理政的关键在于能够全面实践以法治国的政治主张。

第一，法治是国家治乱兴衰的关键。

立法和执法是治国施政的重要方面，是国家政治生活的重要内容。法出乎道具有至高无上性，但是法又生于君。那么法与君之间又是什么关系呢？《管子》说：

> 威不两错，政不二门。以法治国则举错而已。[①]

君主代表国家，掌握执法和出令的权柄。君权不能授予两人，政令不能出自二门，以法治国即是遵照法度行事而已。君主出法制令，而一旦法令制定之后它就凌驾于君主之上，具有至高无上性。只有实行法治，国民才能有规矩成方圆，社会秩序才能正常建立起来；国家才能安定、富强。法是统治者安邦定国的重要手段，是否实行法治是国家治乱兴衰的关键。

《管子·任法》说：

> 法者，天下之至道也，圣君之实用也。[②]

法是天下最大的原则，是圣明君主用来治国理政的大宝。

《管子·法法》说：

---

① （明）刘绩补注：《管子补注》卷21《明法解第六十七·解五》，第419页。

② （明）刘绩补注：《管子补注》卷15《任法第四十五·区言一》，第320页。

不法法则事毋常，法不法则令不行。令而不行则令不法也，法而不行则修令者不审也，审而不行则赏罚轻也，重而不行则赏罚不信也，信而不行则不以身先之也。故曰：禁胜于身则令行于民矣。①

不以合法的手段来施行法度，国事就没有常规；施行法度不用合法的手段，政令就不能施行。政令已发而不能施行，那是因为发令不合乎法的手段；发令合乎法的手段而不能施行，那是因为政令本身制定得不周密；政令本身周密而仍不能施行，那是因为赏罚过轻；赏罚重而政令仍不能施行，那是因为赏罚没有真的实行；赏罚真的实行而政令仍不能施行，那是因为统治者没有率先作出榜样。所以说，禁令能约束君主自身，统治者率先服从法令，以身作则，禁令就能在百姓中施行了。

《管子·任法》说：

法者不可恒也，存亡治乱之所从出，圣君所以为天下大仪也。②

法制能不能持久，是存亡治乱发生的根由，是圣明的君主用来作为治理天下的最重要的标准。

《管子·明法解》说：

---

① （明）刘绩补注：《管子补注》卷 16《法法第十七·外言七》，第 103 页。
② （明）刘绩补注：《管子补注》卷 15《任法第四十五·区言一》，第 319 页。

> 法度行则国治，私意行则国乱。①

法度推行国家就安定，肆意逞行国家就混乱。

《管子·明法解》又说：

> 故治国使众莫如法，禁淫止暴莫如刑。②

治理国家，使用民众要依靠法制，禁止放荡、制止暴行要依靠刑罚。

第二，实行法治有助于建立君主至德至尊的权威地位。

在君主专制的传统社会里，君主的绝对权威、地位是不可动摇的。动摇了君主的绝对权威就等于动摇了国家政治稳定的基础。这是中国古代社会的政治家、思想家们共同一致的认识。但对于法与君之间的关系，儒家主张君主以德治天下，君主应是有德之君，"德"是建立君主权威的第一要素。法家则主张应当"法、术、势"相结合，以此作为维护君主权威的有效工具。《管子》一书中的治理思想，特别突出法在君主治国理政过程中的重要性。

君主立法行令可以约束群臣百官，使群臣百官忠于职守，这样才能使君主居于至尊之位，更好地驱使群臣、控制百官。所以《管子·正世》说："法立令行，故群臣奉法守职，百官

① （明）刘绩补注：《管子补注》卷21《明法解第六十七·解五》，第418页。
② （明）刘绩补注：《管子补注》卷21《明法解第六十七·解五》，第419页。

有常。"① 有了法律才可以使百官有所遵循，办事才有章程可依。如果不行法治，则群臣各行其是，是非善恶就会失去衡量的标准。这样君主也就无从任用和管理群臣百官，国家也必然会混乱而不堪。因此，只有实行法治，才可以有效地制约权贵，强化君权。

《管子·明法解》说：

> 明主者，使下尽力而守法分。故君臣务尊主而不敢顾其家。臣主之分明，上下之位审，故大臣各处其位而不敢相贵。②

圣明君主，要求臣下尽力国事而以法守本分，所以臣下努力事奉君主而不敢违法私顾他们的家；君臣的身份分明，上下的权位清楚，大臣们就各处在他们的职位上而不敢相互夸耀。只有以法治国，才能使臣下守法安分，不敢以权谋私，从而树立君主的权威。

《管子·重令》说：

> 凡君国之重器，莫重于令。令重则君尊，君尊则国安；令轻则君卑，君卑则国危。故安国在乎尊君，尊君在乎行令，行令在乎严罚。罚严令行，则百吏皆恐；罚不严，令不行，则百吏皆喜。故明君察于治民之本，本莫要于令。故

① （明）刘绩补注：《管子补注》卷15《正世第四十七·区言三》，第327页。
② （明）刘绩补注：《管子补注》卷21《明法解第六十七·解五》，第423页。

曰：亏令者死，益令者死，不行令者死，留令者死，不从令
者死。五者死而无赦，唯令是视。故曰：令重而下恐。①

　　君主治理国家的重器，没有比法令更重要的了。法令有力
量，君主就尊严，君主尊严国家就安全；法令没有力量，君主
就卑微，君主卑微国家就危险。所以要使国家安全，就要使君
主尊严；要使君主尊严，在于施行法令；要施行法令，在于
严明刑罚。刑罚严明，法令施行，百官就都恐惧谨慎；刑罚
不严明，法令不施行，百官就都会对工作懈怠。所以圣明君
主认识到治民的根本，没有比法令更重要的了。因此说：减
少法令的处死，增添法令的处死，不执行法令的处死，扣留
法令的处死，不服从法令的处死。有以上五种情况的处死，
决无赦免，一切都只看法令。所以说：君主做到令行禁止，
臣下就都敬畏而尊君。

　　第三，以法治国是维护社会正常秩序的重要保障。

　　《管子·正世》说：

　　夫盗贼不胜，邪乱不止，强劫弱，众暴寡，此天下之
所忧，万民之所患也。忧患不除，则民不安其居；民不安其
居，则民望绝于上矣。②

---

① （明）刘绩补注：《管子补注》卷5《重令第十五·外言六》，第98页。
② （明）刘绩补注：《管子补注》卷15《正世第四十七·区言三》，第348页。

为了达到除暴安民的目的，就必须实行法治。

《管子·明法解》说：

> 凡人主莫不欲其民之用也。使民用者必法立而令行也。
> 故治国使众莫如法，禁淫止暴莫如刑。①

实行法治可以使平民百姓安分守己，竭诚为国效力，也更有利于对百姓的统治。

《管子·禁藏》说：

> 法者，天下之仪也，所以决疑而明是非也。②

这里所谓的"仪"，也就是规矩的意思。《管子·形势解》说："仪者，万物之程式也。法度者，万民之仪表也；礼义者，尊卑之仪表也。"③ 所谓"决疑而明是非"，主要不是说人在认识上的对与错，而是指人的行为是否合乎规范。法是君主用以规范人们行为的工具，是判断人们行为是否合乎规范的标准。因此，《管子·七臣七主》说："法律政令者，吏民规矩绳墨也。"④ 只有实行法治国家才能得到治理，才能富强。如果舍弃法国家就会动乱。正如《管子·法法》说的

---

① （明）刘绩补注：《管子补注》卷21《明法解第六十七·解五》，第419页。
② （明）刘绩补注：《管子补注》卷17《禁藏第五十三·杂篇四》，第358页。
③ （明）刘绩补注：《管子补注》卷20《形势解第六十四·解二》，第401—402页。
④ （明）刘绩补注：《管子补注》卷17《七臣七主第五十二·杂篇三》，第354页。

那样："虽有巧目利手，不如拙规矩之正方圆也。故巧者能生规矩，不能废规矩而正方圆。虽圣人能生法，不能废法而治国。""法者，天下之治道也。"①

《管子》不仅强调法治的重要作用，而且还从法律形式的三种类型上强调了法的规范意义。

> 夫法者所以兴功惧暴也；律者所以定分止争也；令者所以令人知事也。法律政令者，吏民规矩绳墨也。夫矩不正，不可以求方；绳不信，不可以求直。法令者，君臣之所共立也；权势者，人主之所独守也。故人主失守则危，臣吏失守则乱。罪决于吏则治，权断于主则威，民信其法则亲。是故明王审法慎权，下上有分。②

法是用来推动立功警戒行暴的，律是用来确定本分制止纷争的，令是用来命令人执行完成工作的。法律政令，是官吏百姓行为的规矩绳墨。矩不端正，是不能用来求作方形的；绳不伸展，是不能用来求作直线的。法令，是君臣共同建立的；权势，是君主独揽的。君主失掉权势就危险，臣吏不守法令就混乱。罪罚由臣吏裁决就能安定，大权由君主独揽就有威势，百姓相信法制就能亲近。所以明智的君主总是明确法制紧握大权，使上下各有职分。

---

① （明）刘绩补注：《管子补注》卷16《法法第十六·外言七》，第110页。
② （明）刘绩补注：《管子补注》卷17《七臣七主第五十二·杂篇三》，第354页。

《管子》这种对法的规范性的认识是和后来的秦、晋法家一致的。《商君书·修权》说："先王县权衡，立尺寸，而至今法之，其分明也。夫释权衡而断轻重，废尺寸而意长短，虽察，商贾不用，为其不必也。"① 《韩非子·有度》也说："巧匠目意中绳，然必先以规矩为度；上智捷举中事，必以先王之法为比。故绳直而枉木断，准夷而高科削，权衡县而重益轻，斗石设而多益少，故以法治国，举措而已矣。"② 这与《管子》对法的认识是一致的。

二、法令贵在贯彻落实

法贵严明，令在必行。《管子·任法》说："黄帝之治也，置法而不变，使民安其法者也。"③ 治国安邦，不仅要制定出合理的法令制度，更重要的是要将国家的法令落在实处，这也就是《管子·重令》中所言："安国在乎尊君，尊君在乎行令，行令在乎严罚。"④

---

① （清）孙诒让撰：《商子校本》卷3《修权第十四》，祝鸿杰点校，中华书局2014年版，第60—61页。

② （清）王先慎撰：《韩非子集解》卷2《有度第六》，钟哲点校，中华书局1998年版，第38页。

③ （明）刘绩补注：《管子补注》卷15《任法第四十五·区言一》，第319页。

④ （明）刘绩补注：《管子补注》卷5《重令第十五·外言六》，第98页。

第一，"君臣上下贵贱皆从法。"

管子认为，法具有至高无上的权威性，因此它主张"君臣上下贵贱皆从法"①。法律高于一切。无论是君主还是官员，无论是上层还是下层，无论是高贵者还是卑贱者，都必须遵守国家法律，违反了都应该受到法律的制裁。管子这一观点和商鞅提出的"刑无等级"思想是一致的，但它比商鞅的观点提出得更早，也更具有彻底性。商鞅认为，统一刑罚就是执行法律不论等级，从卿相将军直到大夫平民，凡有不服从君主命令、违犯国家法令、破坏法制的，一律判处死刑，决不赦免。这虽然超越了儒家的"刑不上大夫"的宗法观念，但商鞅讲遵行法律却是把君主排除在外的。管子的"君臣上下贵贱皆从法"，则是将君主也包括在内，主张君主也必须按照法律办事，这显然比商鞅的观点更具有彻底性。

第二，执法必严，违法必究。

管子认为，严明的号令、严厉的刑罚、丰厚的赏赐是君主推行法制的三大法宝。明君执法必须"如天地之坚，如列星之固，如日月之明，如四时之信，然故令往而民从之"②。只有严于执法才能使臣民奉法唯谨，收到令行禁止的效果。如果有法不依、执法不严，那么"以法治国"就成了一句空话。《管子·重令》说：

---

① （明）刘绩补注：《管子补注》卷15《任法第四十五·区言一》，第321页。
② （明）刘绩补注：《管子补注》卷15《任法第四十五·区言一》，第322页。

凡民之用也，必待令之行也，而民乃用。凡令之行也，必待近者之胜也，而令乃行。故禁不胜于亲贵，罚不行于便辟，法禁不诛于严重，而害于疏远，庆赏不施于卑贱，三二而求令之必行，不可得也。能不通于官，受禄赏不当于功，号令逆于民心，动静诡于时变，有功不必赏，有罪不必诛，令焉不必行，禁焉不必止，在上位无以使下，而求民之必用，不可得也。将帅不严威，民心不专一，阵士不死制，卒士不轻敌，而求兵之必胜，不可得也。内守不能完，外攻不能服，野战不能制敌，侵伐不能威四邻，而求国之重，不可得也。德不加于弱小，威不信于强大，征伐不能服于天下，而求伯于诸侯，不可得也。威有与两立，兵有与分争，德不能怀远国，令不能一诸侯，而求王天下，不可得也。①

管子认为，大凡用民，必须等待法令的制定与施行，这样才能动员与使用民众。大凡法令能施行，必须等待法令制服亲近君主的人，法令才能施行。所以禁律不能制服君主的亲戚贵族；刑罚不能施行到君主的左右小臣；法令禁律不是诛杀罪行严重的人，而是损害君主疏远的人；庆贺赏赐不施行到卑贱的人，却希望法令得到坚决地施行，这是不可能的。有才能的人不能做官，受到赏赐的人与他的功劳不相称，号令背离百姓的心愿，举措政策违反时代的发展，有功的不坚决赏赐，有罪的不坚决惩罚，有令不坚决执行，有禁不坚决停止，在上位的

---

① （明）刘绩补注：《管子补注》卷5《重令第十五·外言六》，第100—101页。

君主不能差使臣下，却希望百姓能坚定地起作用，这是不可能的。将帅不威严，军心不一致，阵地上的战士不肯死于军令，士兵没有不怕敌人的气概，却希望军队必胜，这是不可能的。国内的守卫不能保证国土完整，国外的攻伐不能保证敌国屈服，战场上的战斗不能制服敌军，攻战不能威震四方邻国，却希望国家强大，这是不可能的。恩德不能施加到弱小国家，威势不能伸展到强大国家，征战不能使天下各国顺服，却希望称霸于诸侯，这是不可能的。论威势有能与自己不分上下的，论兵力有能与自己相互抗衡的，恩德不能安抚远方国家，号令不能统一诸侯，却希望称王天下，这是不可能的。

管子指出，治理国家，必须做到赏罚必信。《管子·法法》说：

> 令未布，而民或为之，而赏从之，则是上妄予也。上妄予则功臣怨，功臣怨而愚民操事于妄作。愚民操事于妄作，则大乱之本也。令未布，而罚及之，则是上妄诛也。上妄诛则民轻生，民轻生则暴人兴，曹党起而乱贼作矣。令已布，而赏不从，则是使民不劝勉、不行制、不死节。民不劝勉、不行制、不死节，则战不胜而守不固。战不胜而守不固，则国不安矣。令已布，而罚不及，则是教民不听。民不听则强者立，强者立则主位危矣。故曰：宪律制度必法道；号令必著明，赏罚必信密，此正民之经也。①

---

① （明）刘绩补注：《管子补注》卷6《法法第十六·外言七》，第106—107页。

　　法令还未发布，百姓偶然做到了，就给予赏赐，这是君主虚妄的赐予。君主虚妄地赐予，有功之臣就怨恨；有功之臣怨恨，愚顽之民做事就会胡来。愚顽之民做事胡来，这是国家大乱的根本原因。法令还未发布，而惩罚已施行到人，这是君主虚妄的惩罚。君主虚妄地惩罚，百姓就看轻生命；百姓看轻生命，残暴的人就会兴起，就会朋党林立、叛贼作乱了。法令已经发布，而赏赐不跟着施行，这就使百姓不能受到鼓励，不肯执行军令，不愿为国殉节。百姓不能受到鼓励，不肯执行军令，不愿为国殉节，那么征战就不能胜利，守卫就不能坚固。征战不能胜利，守卫不能坚固，国家就不能安全了。法令已经发布，而惩罚还不执行，这是教百姓不要服从法令。百姓不服从法令，强暴的人就要起来造反。强暴的人起来造反，君主的地位就危险了。所以说，法律制度必须合乎治国的根本方针，号令必须严明，赏罚必须坚决如实地执行，这是规正百姓的法则。

　　为了做到赏罚分明，《管子》认为执法者必须做到公正无私，"不知亲疏远近，贵贱美恶，以度量断之，其杀戮人者不怨也，其赏赐人者不德也，以法制行之如天地之无私也"。①《管子》反复告诫人们"私"字在执法中的危害性："私道行

---

　　① （明）刘绩补注：《管子补注》卷15《任法第四十五·区言一》，第323页。

则法度侵。"①"法度行则国治，私意行则国乱。"②"私"是
公正执法的大敌，必须彻底清除。

第三，执法重在治吏。

管子认为，在国家治理过程中，各级官吏对于法律的维
护与执行起着无可替代的重要作用，因此，必须以法治官，
严以治吏。官吏的本分就是"奉主之法，行主之令"，奉公
守法，廉洁勤政。各级官吏的执法严明与否直接影响着国家
的安危存亡。因此《管子》强调必须以法治官。"有法度之
制，故群臣皆出于方正之治而不敢为奸。""百官之事，案之
以法，则奸不生；暴慢之人，诛之以刑，则祸不起。"③"法
立令行，故群臣奉法守职、百官有常。"④可见，以法治官对
于官吏奉法守职、廉洁勤政有着重要的作用。在以法治国过
程中，对于违法的官员必须严厉处罚。对于那些为政无政绩
致使土地荒废、办案骄横轻惩者"有罪无赦"⑤。对于"言而
无实者，诛；吏而乱官者，诛"⑥。对于"断狱，情与义易、
义与禄易；易禄可无敛，有可无赦"⑦。对于贯彻法令不力的

---

① （明）刘绩补注：《管子补注》卷17《七臣七主第五十一·杂篇三》，第355页。
② （明）刘绩补注：《管子补注》卷21《明法解第六十七·解五》，第418页。
③ （明）刘绩补注：《管子补注》卷21《明法解第六十七·解五》，第423、
420、419页。
④ （明）刘绩补注：《管子补注》卷15《正世第四十七·区言三》，第327页。
⑤ （明）刘绩补注：《管子补注》卷21《大匡第十八·内言一》，第139页。
⑥ （明）刘绩补注：《管子补注》卷21《明法解第六十七·解五》，第420页。
⑦ 《管子·大匡》。

官吏杀无赦。对于"亏令者死，益令者死，不行令者死，留令者死，不从令者死。五者死而无赦，唯令是视"。"罚严令行，则百吏皆恐。"①

《管子·大匡》较为详细地给出了齐桓公时期管仲提出的对人才全面考查的具体方法。对于官员，虽勤勉地办事，如果无功，那就是有过：任职既不能处理好事务又没有才能，致使田地荒废；办案不是过分谨慎就是轻视他人意见，凡是具有这三条者，罪无赦。对于贵族子弟，凡居处奢华，交游卑下，嗜好饮食者，罪无赦。对于士人，凡出入没有常规，不尊敬老人，钻营富贵者，罪无赦。凡农夫，出入不服从父兄，干活不出力，不肯多劳动者，罪无赦。凡工、商者，出入不服从父兄，接受工作不勤奋、不谨慎，违逆老人而专事诡诈者，罪无赦。此外，对于行政而言，凡庶人要与上面交涉办事，乡吏扣压不办的，过了七天，要处以囚禁。凡士要与上面交涉办事，官吏扣压不办的，过了五天，要处以囚禁。凡贵族子弟要与上面交涉办事，官吏扣压不办的，过了两天，要处以囚禁。管子的以法治理官吏的办法推行后，齐国的行政通行无碍。管子的这些以法治吏的措施，对于督促官吏奉公守法无疑具有重要的促进作用，在今天仍然有着重要的鉴示意义。

---

① （明）刘绩补注：《管子补注》卷5《重令第十五·外言六》，第98页。

第四，立法行令要合乎民心。

管子认为，立法行令只有合乎民心、顺应民意才能畅通无阻。

《管子·形势解》说：

> 人主之所以令则行、禁则止者，必令于民之所好，而禁于民之所恶也。民之情，莫不欲生而恶死，莫不欲利而恶害。故上令于生利人则令行，禁于杀害人则禁止。令之所以行者，必民乐其政也，而令乃行。故曰"贵有以行令也"。①

君主之所以能做到令行禁止，在于他的命令符合民众所喜好的，而他的禁止也正符合民众所厌恶的。民众的性情，无不是喜生存而怕死亡，好谋利而惧祸害。因而君主的命令有利于促进民众的生存、谋利，就能推行；君主禁止的有利于防止民众的死亡、祸害，就能实现。政令所以能推行，必然是民众乐于君主的政治，因而才能够顺利推行。

《管子·形势解》又说：

> 明主之动静得理义，号令顺民心，诛杀当其罪，赏赐当其功，故……鬼神助之天地与之，举事而有福。②

---

① （明）刘绩补注：《管子补注》卷20《形势解第六十四·解二》，第394页。
② （明）刘绩补注：《管子补注》卷20《形势解第六十四·解二》，第396页。

明主的言行举止符合理义，发布号令顺应民心，赏罚分明，就会得到民众的支持而事无不成。

《管子·形势解》还说：

> 法立而民乐之，令出而民衔之，法令之合于民心，如符节之相得也，则主尊显。[①]

君主推行法治，固然带有强制性，但是仅仅靠暴力及强制手段是不行的。只有合乎民心的法律才能取得令行禁止的效果，从而树立君主的权威。立法行令合乎民心的关键就是以民之好恶为出发点。

从根本上说，人主之所以能够令则行、禁则止者，在于君主能让民众安居乐业。这在《管子·形势解》一书中也有很多的论述，例如：

> 明主，救天下之祸安天下之危者也。夫救祸安危者，必待万民之为用也，而后能为之。故曰"安危者与人"。[②]

所谓明主，就是能拯救天下灾祸、安定天下危难的人。拯救灾祸、安定危难，必定要依靠万民的力量，然后才能做到。因此说，"安定危难，就要顺从人心"。

---

① （明）刘绩补注：《管子补注》卷 20《形势解第六十四·解二》，第 395 页。
② （明）刘绩补注：《管子补注》卷 20《形势解第六十四·解二》，第 403 页。

人主者，温良宽厚则民爱之，整齐庄严则民畏之。故民爱之则亲，畏之则用。夫民亲而为用，主之所急也。故曰"且怀且威，则君道备矣"。①

君主温和善良，宽厚待人，民众就喜爱他；君主号令整齐，态度严肃，民众就畏惧他。民众喜爱君主就亲近他，民众畏惧君主就甘心被驱使。民众既亲近又乐于被驱使，这是君主治民理想的境界。因此说"对百姓既给予关怀，又运用威势，这才是君主治国完备的方法"。

人主能安其民，则事其主如事其父母。故主有忧则忧之，有难则死之。主视民如土，则民不为用，主有忧则不忧，有难则不死。故曰"莫乐之则莫哀之，莫生之则莫死之"。②

君主能使民众安居乐业，那么民众侍奉君主就会像侍奉父母一样。因而君主有忧患，民众为他解忧；君主有危难，民众为他牺牲。君主对待民众如同泥土，民众就不愿被他使用；君主有忧患，民众也不会为他解忧。

① （明）刘绩补注：《管子补注》卷20《形势解第六十四·解二》，第402页。
② （明）刘绩补注：《管子补注》卷20《形势解第六十四·解二》，第402页。

三、融道入法，道法合流

在管子的治理思想中，存在着融道入法，将道家的"无为而治"引入法制领域，改造为一种明君臣之别的权力关系和一种上合天道、下合民意的以法令制度为治理重点的思想理论体系。从管子的道论来看，道不远人，道为人用，治理国家完全可以做到将一切思想、学说、方法、经验政治化、系统化，改造升级成为政治家治理国家的方针与政策。

道家思想由老子创立后，有两条思想发展的路线：一是庄子学派在心灵境界层面对老子思想的承继与发挥；二是黄老学派侧重现实社会层面的关注，而将老子的道论结合形名、法术等内容以展现出新的政治思想面貌。

《史记》曾提及"黄老道德之术"，并且一再提及"黄帝老子之术""黄老之言"，赞赏黄老道家采各家之长，怀殊途同归的包容气度，并推崇黄老主逸臣劳的君道思想而批评儒家"主倡而臣和，主先而臣随，如此则主劳而臣逸"[①]。司马谈论述道家的治身，主张"神本形具"，即视精神为生命之本而形体为生命之具现。在论述道家的治道时，指出黄老学说有这几项重要特点：一是主道"约"，即君主只需掌握国家重大的政策而委下以能。二是主"时变"，就是说掌握

---

① （汉）司马迁撰：《史记》卷130《太史公自序第七十》，第3289页。

时代的命运，推动社会的变革。三是以"虚无为本，因循为用"，这是从认识论上强调治者行事，要摒除主观成见，以虚心去听从民意，顺从民心。从《论六家要旨》中，我们多少可以窥见黄老学派的治道宗旨。

顾名思义，"黄老"乃是黄帝与老子的合称。虽然是合称黄帝与老子，然而就其理论内容来看，黄帝仅为其依托的对象，老子的道论才是黄老之学的理论主轴。《老子》五千言紧扣治道而论，正可具体作为君道层面的指导。黄老之学虽以老学为理论基础，但也与其他各家学说交融而产生了新的道家思想。简言之，黄老之学是以老子道论思想为主轴，同时结合齐国法家"法"的思想，以及当时盛行的刑名观念而融会出的一种新道家思潮。这一思潮试图从社会政治层面提出一套君无为而臣有为的有效治国理政原则，集中于论述君道，即班固《汉书·艺文志》中所说的"君人南面之术"①。

不过，不管是老子的"君王南面之术"，还是战国时期稷下学宫黄老学派的"形名、法术"治论，都要晚于管子的援道入政的治理思想，都是在管仲治理学说基础上的产物。

管子的援道入政的治理思想主要表现在：

第一，顺天从人的政治原则。

道家最大最主要的范畴是"道"，"道"既是万物之本，

---

① （汉）班固撰，《汉书》卷30《艺文志第十》，第1732页。

又寓万物之中，通常以"气"的形式表现出来，能得到气，就能得到万物。

《管子·内业》说：

> 凡物之精，此则为生，下生五谷，上为列星。流于天地之间，谓之鬼神；藏于胸中，谓之圣人。是故民气，杲乎如登于天，杳乎如入于渊，淖乎如在于海，卒乎如在于己。是故此气也，不可止以力，而可安以德；不可呼以声，而可迎以音。敬守勿失，是谓成德。德成而智出，万物毕得。[1]

凡是物中的精气，结合起来就能生长万物。在下面就是地上生长的五谷，在上面便是天空中排列着的群星。流动在天地之间的，称作鬼神；能把它蕴藏在胸中的，称作圣人。因此名叫气。它有时明亮得像升到天空，有时幽暗得像进入深渊，有时广阔得像在大海，忽然间又像在自己身上。因此这气，不可用强力来留住它，却可用德性来使它安定；不可用声音来呼唤它，却可用心意来迎接它。敬慎地守住而不丧失，这是说成就了道德。道德成就了，智慧就能出来，万物就能为我所得。

管子认为，"道"不只是表现在自然方面，也表现在政治人事方面，因为人本身即是气和道的产物，"凡人之生也，天

---

[1]　（明）刘绩补注：《管子补注》卷16《内业第四十九·区言五》，第332页。

出其精，地出其形，合此以为人"。① 由此进一步提出"道之
在天者，日也；其在人者，心也"。② 基于这样的认识，管子
提出了政治的根本原则在于遵天而从人。正如《管子·白心》
所说："上之随天，其次随人。"③ 一方面，管子把统治者与
天道对应，使之神圣化，高居于百姓之上；另一方面，又给
统治者规定了行为原则。如果对民众不公、不利，那就失去
了为统治者的资格。统治者只有奉行利民的政策，"爱之、利
之、益之、安之，四者道之出。帝王者用之，而天下治矣。
帝王者，审所先所后，先民与地，则得矣。先贵与骄，则失
矣"。④ 帝王必须把民与生产（与地）置于最重要地位，如同
对待"道"一样，不可违抗，这既是帝王的天职，又是帝王
治理国家的不二法门。

第二，"道生法"。

春秋时代，天下大乱，礼崩乐坏，周初社会所赖以维系的
礼乐宗法制度早已经弊端丛生，大一统格局客观要求探索新
的政治出路，着眼于新的价值理念与新的政治制度的重建。
在此历史背景下，管子相齐，除了继承姜太公以来齐国优良
的法治传统，以使君臣上下循名责实，做到各依其职、各尽

---

① （明）刘绩补注：《管子补注》卷16《内业第四十九·区言五》，第338页。
② （明）刘绩补注：《管子补注》卷4《枢言第十二·外言三》，第80页。
③ （明）刘绩补注：《管子补注》卷13《白心第三十八·短语十二》，第287页。
④ （明）刘绩补注：《管子补注》卷4《枢言第十二·外言三》，第80—81页。

所能外，进一步根据形势的变化、社会的发展提出了更高层面的治理国家的理论。

《管子·心术上》说：

> 道不远而难极也，与人并处而难得也。虚其欲，神将入舍。扫除不洁，神乃留处。[①]

道离人不远而人却难以企及，与人并处却难以获得。虚空自己的欲望，道就能进入心室；扫除不洁的杂念，道才能留下来安居。

> 大道可安而不可说。直人之言，不义不顾，不出于口，不见于色。四海之人，又孰知其则？[②]

大道可意会而不能以言说。真人的思想，不偏不倚，不从口里说出来，不表现在脸上。天下的人，谁又能知道它的准则？

如果说道不远人而难及，虚空自身才能得到的话，那么，国家治理"大道可安而不可说"，就只有通过法术才能实现了。

---

① （明）刘绩补注：《管子补注》卷13《心术上第三十六·短语十》，第275—276页。

② （明）刘绩补注：《管子补注》卷13《心术上第三十六·短语十》，第276页。

天之道，虚其无形。虚则不屈，无形则无所位赿。无所
位赿，故遍流万物而不变。德者，道之舍。物得以生，生，
知得以职道之精。故德者得也；得也者，其谓所得以然也。
以无为之谓道，舍之之谓德，故道之与德无间，故言之者不
别也。间之理者，谓其所以舍也。义者，谓各处其宜也。礼
者，因人之情，缘义之理，而为之节文者也。故礼者谓有理
也；理也者，明分以谕义之意也。故礼出乎义，义出乎理，
理因乎宜者也。法者所以同出，不得不然者也，故杀僇禁诛
以一之也。故事督乎法，法出乎权，权出乎道。[1]

天道是虚空而无形的。虚空就不会穷尽，无形就不会有
阻挡。没有阻挡，所以天道在万物中遍流而不变。德，是道
施舍的。万物得而生成，智力得而认识道的精神。所以德就
是得的意思，所谓得，大概是说所得的已经得到了。无为叫
作道，以道施舍的叫作德，故道与德浑然一体没有差距，所
以说道德的人是不加区别的。要把道与德分开来的话，只能
说道是用来施舍的。义，是说各处于合宜的地方。礼，是按
照人的感情，遵照义的道理，而为此规定的制度条文。所以
礼就是有理。所谓理，是用明确职分来说明义的意思。所以
礼是从义产生出来的，义是从理生出来的，理是依照道的。
法是为了统一世务，而不得不这样做的，所以用杀戮禁诛来

---

① （明）刘绩补注：《管子补注》卷13《心术上第三十六·短语十》，第279页。

规范人们。所以用法来督察世事，法经过权衡制定出来，权衡要根据道来进行。《管子》正是顺应时代环境之需，得出了援礼、法以入道的政治主张。

《管子·枢言》说：

> 人故相憎也，人之心悍，故为之法。法出于礼，礼出于治，治、礼，道也。万物待治，礼而后定。①

人本来是相互憎恨的，人心凶悍，所以需要法律。法律出自礼，礼出自言辞。言辞和礼，都是道的体现。万事都等待言辞和礼的要求而后才能确定关系。

《管子·心术上》对道、德、义、礼、法进行界说，在界说中将传统的政治治理学说充实了新的内涵。对西周以来实施了数百年而早已弊端丛生、无法坚持下去的礼制，进行了与时俱进、合理的改造。

《管子·法法》说：

> 宪律制度必法道，号令必著明，赏罚必信密，此正民之经也。②

法律制度必须合乎治国的根本方针，号令必须严明，赏罚必须坚决如实地执行，这是规正百姓的法则。

---

① （明）刘绩补注：《管子补注》卷4《枢言第十二·外言三》，第83页。

② （明）刘绩补注：《管子补注》卷6《法法第十六·外言七》，第107页。

在这里，管子的法出乎道的"道"很可能具有这样两重含义：

其一，所谓"道"，就是无偏私之心和偏私之欲。《管子》认为，天因为其无限大所以才能兼覆万物，地因为其博大才能兼载万物。天兼覆而无外，其德无所不在；地兼载而无弃，故能生殖万物。君主圣人应该像天地那样兼覆、兼载万物，像日月那样普照万物，才能够清明审察，不遗善，不隐奸，从而达到劝善止奸、万民莫不为之所用的目的。所以《管子·心术下》说："是故，圣人若天然，无私覆也；若地然，无私载也。私者，乱天下者也。"① 又说："以法制行之，如天地之无私也……上以公正论，以法制断，故任天下而不重也。"② 可见，法首先要公正无私，因为这是"天道"的要求。

其二，"道"就是立法行令要顺应民心、民情和遵循自然之理。

管子认为，圣明的君主"动静得理义，号令顺民心"，"必令于民之所好，而禁于民之所恶"。君主立法出言只有"顺于理，合于民情"，百姓才会"受其辞"，按照法令的规范去做。昏庸的君主则相反，其"动作失义理，号令逆民心"③，其结果只能是令不行，禁不止，最终酿成天下大乱，国亡君死的悲

---

① （明）刘绩补注：《管子补注》卷13《心术下第三十七·短语十一》，第282页。
② （明）刘绩补注：《管子补注》卷15《任法第四十五·区言一》，第323页。
③ （明）刘绩补注：《管子补注》卷20《形势解第六十四·解二》，第396页。

惨结局。如此来说，管子治理原则就是遵照天地之道制定法度的治国之道。

第三，"道贵因"。

在《管子》一书中，"因"作为独立的哲学概念，多次有所提及。除了对"因"有明确的界说外，更发展出"静因之道"的范畴和"道贵因"的命题。

《管子·心术上》对"因"有两个界说：一是"因也者，舍己而以物为法者也"；另一则是"因者，因其能者言其所用也"。前者是指泯除私见而以客观事物为准则；后者则是指顺任人物的长处来发挥最大的作用。

《管子》的这种"道贵因"的政治思想，对于战国时期的法家治国理论的丰富具有重要的影响。

《慎子·因循》说：

> 天道因则大，化则细。因也者，因人之情也。[①]

顺应天道强大，违背天道衰弱。顺应天道，便是顺应人的本性。

所谓"因"，就是因循天道、顺应人心。

以法治国就是因循天道、顺应人情的自然表现。申不害

---

① （战国）慎列著：《慎子集校集注》《因循》，许富宏校注，中华书局2013年版，第23页。

则认为，法就是最重要的人道，也就是治国之道。

《商君书·错法》说：

> 古之明君，错法而民无邪，举事而材自练，赏行而兵强，此三者，治之本也。夫错法而民无邪者，法明而民利之也。[1]

刑法赏罚是治国的根本。法治的作用就是禁邪去私，便民利民。

《慎子·逸文》说：

> 法之功，莫大使私不行；君之功，莫大使民不争……法立则私议不行，君立则贤者不尊，民一于君，事断于法，是国之大道也。[2]

立公法，废私议，凡事皆断于法，不尊贤智机巧，使民统一于国君，这样才能避免动乱达到天下大治，因此法是治国的根本，也是道的表现形式之一。

总之，管子主张治国要道法并重、法道统一，这种思想在《管子》一书中占有重要的地位，对以后中国古代社会的政治运作提供了重要的理论指导。

---

① （清）孙诒让撰：《商子校本》卷3《错法第九》，第49页。
② （战国）慎列著：《慎子集校集注》《慎子·逸文》，第64页。

第三章　以礼治国　四维并张

　　以礼治国是中国传统政治的一大特点。在《管子·牧民》篇中，管仲说："国有四维，一维绝则倾，二维绝则危，三维绝则覆，四维绝则灭。倾可正也，危可安也，覆可起也，灭不可复错也。何谓四维？一曰礼，二曰义，三曰廉，四曰耻。礼不逾节，义不自进，廉不蔽恶，耻不从枉。故不逾节则上位安，不自进则民无巧诈，不蔽恶则行自全，不从枉则邪事不生。"意思是说，国家有四绳维系，缺少一根，国家大厦就会倾斜；缺少两根，国家大厦就有危险；缺少三根，国家大厦就会倾覆；缺少四根，国家就无可救药了。管仲又说："礼义廉耻，国之四维。四维不张，国乃灭亡。""维"的本来意思是指系物的大绳，这里喻指维系国家命运的关键。礼、义、廉、耻如果出现问题，得不到传承和发扬，国家就会灭亡。尊礼，人们的行为就不会超越道德规范；有义，就不会妄自求进；守廉，就不会有贪冒之行为；知耻，就不会与坏人同流合污。人们的行为不逾越道德规范，居于上位的君主的统治就安稳；不妄自求进，老百姓就不会谋巧欺诈；没有贪冒之行为，行为就自然端庄了；不与坏人同流合污，邪恶的事情就不会发生了。管仲还说："四维张，则军令行……守国之度，在饰四维。""礼义廉耻"四个方面得到了践行和发扬，君主的政令就可以推广施行；巩固国家的准则，就在于整饬四维。"礼义廉耻"是治国之纲，历代统治者都把它作为治国的纲领和用作维护其统治的原则。纵观中国历史，在治国策略的问题上，历代各种方案辈出，层出不穷，但概言之，则主要经过了礼治—法治—礼法合治的一个发展历程。礼治盛行于西周，衰落于礼崩乐坏的春秋时期；法治兴起于战国，盛行于大秦帝国时期；汉代以降，在扬弃周秦治国方案的基础上，走上了礼法并行、综合为治的治理之路，这种治国方略受到此后历代统治者的青睐，一直沿用到清末。

一、"礼"的概念及演变

"礼"字在殷商甲骨文中就已出现，它的字形象征以豆（盘）盛玉祭祀祖先、上帝，以示敬意、求神致福。许慎《说文解字》说："礼，履也，所以事神致福也。"[1]从时间上说，早在伏羲、神农、炎黄时代，"礼"就已经开始萌芽了；经过

---

[1]　（汉）许慎撰：《说文解字（点校本）》《第一上》，陶生魁点校，中华书局2020年版，第2页。

尧舜禹时代，"礼"得到逐渐规范与系统；到殷商时代，因为文字的发明，"礼"已经发展成为一种规范政治与社会的高层面的文化。殷人的"礼"，实际上就是"尊神"的仪式。因此，殷人的"礼"，就是与神权和宗法密切联系的行为规范。

在天命论盛行的殷商时期，"礼"的宗旨是为神权服务的。殷人之"礼"虽也含有宗法成分，但其宗法色彩并不浓厚，其政治功能还相当脆弱。各有其弊端。《说苑·修文》说："夏后氏教以忠，而君子忠矣；小人之失野，救野莫如敬，故殷人教以敬，而君子敬矣。小人之失鬼。"[①]其意是说，夏过分强调氏族成员的和睦，而无上下之别，君无威严；殷人过分强调等级，而使人过分地相信鬼神所赐的灾福，对君敬而不亲。殷人治国主要靠神、刑、政，不是抬出上帝、鬼神威吓欺骗，就是以刑杀为威，同时也靠行政手段强迫命令。这说明，作为以礼乐治理天下的政治理想及相应的思想观念，作为一种治国方略，在夏商时代虽然已经出现，并在个别地方也讲"德""礼"，但并没有形成系统的理论和制度。"礼"到西周，特别是经过周公制礼作乐，才发展成一整套以维护宗法等级制为核心的礼制体系。

经过周公制礼，以礼乐治国平天下，礼治在西周得以完善并真正地全面实践于治理国家的具体过程之中。周公的礼

---

① （汉）刘向撰：《说苑校证》卷19《修文》，第477页。

治思想自成体系，内容非常丰富，涉及社会政治、经济、文化、习惯、舆论等各个方面，前集夏、商之大成，后开封建之先河，既是制度文化、行为文化和观念文化的集中体现，又是政治生活、经济生活、社会生活、家族生活各种行为规范的准则，在中国古代政治思想文化史上占有特殊的地位，成为周人为政的精髓。

周公等周初的统治者把礼治当作治世的根本，从而奠基了中国以礼治国的历史先河。周代"礼治"思想体系是一个以道德为理想，以礼制、礼仪为规范，以教化、刑罚为手段，对国家进行综合治理的思想体系，它既是夏、商礼治思想的总结，又是西周礼制的实践，其特点是以"亲亲""尊尊"为主线，同时又涉及伦理道德、社会习俗等多方面的内容。

周人取代商人的统治地位以后，在总结商的失败教训过程中，也对商代政治的得失进行了认真的反思和总结。有商一代，由于统治阶级崇尚神权法，以致把现实中的刑罚也称为天罚。因此，商代的刑法极为残酷。商纣王时，"重刑辟，有炮格之法"[①]。据说周文王曾请求商纣王废除炮烙之刑，孔子曾赞美说："仁哉文王，轻千里之国，而请解炮烙之刑。"[②]这说明，周初统治集团是不赞成施行商代残酷的刑法来治理国家的。

周公等周初统治者们已经认识到"天命靡常"，对殷商的

---

① （汉）司马迁撰：《史记》卷3《殷本纪第三》，第106页。
② （清）王先慎撰：《韩非子集解》卷15《难二第三十七》，第361页。

天命论产生了怀疑，因此，他们提出了"皇天无亲，惟德是辅"的全新政治观点。与此相适应，在治国主张上，周公提出了以礼治国的观点。

关于周公在礼治上的实践，有"周公制礼"之说。虽然人们对周公制礼的具体情况素有争议，但人们从未怀疑过它的真实性。在先秦典籍中，除了《左传·文公十八年》季文子使太史克对鲁宣公说"先君周公制礼"记载以外，《国语·鲁语》也有"若子季孙欲其法也，则有周公之籍矣"[①]。这里的"籍"，即指间接地载有"周礼"的典籍。《论语·为政篇》也说："周因于殷礼，所损益可知也。[②]"《礼记·明堂位》说："武王崩，成王幼弱，周公践天子之位以治天下。六年，朝诸侯于明堂，制礼作乐，颁度量而天下大服。[③]"其目的当然是通过礼制实现礼治，增强统治集团凝聚力，保证社会秩序的稳定。《尚书大传》说："周公摄政，一年救乱，二年克殷，三年践奄，四年建卫侯，五年营成周，六年制礼作乐。[④]"可见，"制礼作乐"是周初统治者现实政治的迫切需要，礼制所规定的不少规范，实质上具有法律甚至根本法的

① 萧旭著：《群书校补》《国语·鲁语》，广陵书社2011年版，第117页。
② （梁）皇侃撰：《论语义疏》卷1《为政第二》，第42页。
③ （清）阮元校刻：《十三经注疏（清嘉庆刊本）》《礼记正义》卷31《明堂位第十四》，第3224页。
④ （清）孙星衍撰：《尚书今古文注疏》卷23《周书十四》，陈抗、盛冬玲点校，中华书局2004年版，第459页。

性质，是"定亲疏、决嫌疑、别同异、明是非"①的依据；具有"经国家、定社稷、序民人、利后嗣"②的重大作用。礼制的建立，为国家的长治久安提供了制度保障。

　　周礼经过不断充实、发展，形成了逻辑严密、名目繁多的复杂的礼制体系。正如《礼记·曲礼上》说："道德仁义，非礼不成；教训正俗，非礼不备；分争辨讼，非礼不决；君臣上下、父子兄弟，非礼不定；宦学事师，非礼不亲；班朝治军、莅官行法，非礼威严不行；祷祠祭祀、供给鬼神，非礼不诚不庄。"③可以说，周礼是一种包罗非常广泛的综合性的社会规范，其内容涉及政治、经济、军事、司法、教育、宗教、婚姻家庭、伦理道德等诸多方面。法律规范、道德规范、风俗惯例、礼节仪式都是周礼的组成部分。总之，从周公治国开始，周人所有一切都必须以礼为准绳。

　　在周礼中始终贯穿着一些基本原则，即亲亲、尊尊、长长、男女有别，这些都成为礼制的精髓。《礼记·大传》云："亲亲也，尊尊也，长长也，男女有别，此其不可得与民变革者也。"④《礼记·丧服小记》亦云："亲亲、尊尊、长长、男

　　① （清）阮元校刻：《十三经注疏（清嘉庆刊本）》《礼记正义》卷1《曲礼上第一》，第2663页。

　　② （清）阮元校刻：《十三经注疏（清嘉庆刊本）》《春秋左传正义》卷4，第3770页。

　　③ （清）阮元校刻：《十三经注疏（清嘉庆刊本）》《礼记正义》卷1《曲礼上第一》，第2664页。

　　④ （清）阮元校刻：《十三经注疏（清嘉庆刊本）》《礼记正义》卷34，第3265页。

女之有别，人道之大者也。"[①] "亲亲"指家族内部的人必须亲爱自己的亲属，必须父慈子孝，兄友弟恭，尤其是儿子必须孝顺父亲，即所谓"亲亲父为首"；子弟必须孝顺父兄，小宗必须服从大宗；分封和任命官吏必须"任人唯亲"，使亲者贵、疏者贱，并按嫡长子继承制代代世袭下去。"尊尊"指地位低的人必须尊从地位高的人，尤其是要尊敬和服从作为天下大宗的天子和一国宗主的国君，即所谓"尊尊君为首"；严格上下等级秩序，不得僭越，不许犯上作乱。"长长"指小辈必须敬重长辈。"男女有别"指男尊女卑、"男女授受不亲"和同姓不婚。其中最基本的是"亲亲"和"尊尊"。"亲亲"是宗法原则，"尊尊"是等级原则。"亲亲父为首"，旨在维护家长制；"尊尊君为首"，旨在维护君主制，二者都是为巩固宗法等级制服务的。按照这套亲亲、尊尊、长长、男女之别的宗法原则制定的礼制来治理国家，就是"为国以礼"的"礼治"。通过"礼治"，使礼制的形式与内容相为呼应，以发挥治国平天下的实际效果。

在西周宗法制度下，"亲亲"和"尊尊"是相互结合的。"亲亲"原则是"尊尊"原则的基础，坚持前者是为了更好地实现后者。这些基本原则指导下的礼制旨在维护良好的社会秩序，达到"以礼治国"、天下太平的目的。

---

① （清）阮元校刻：《十三经注疏（清嘉庆刊本）》《礼记正义》卷32《丧服小记第十五》，第3242页。

周公在制礼作乐的过程中，考虑到周族的社会发展状况，兼采夏商之礼，既强调贵族要爱护小民，知小民生活的艰辛，又强调严格的等级制度，下不得犯上。《尚书·无逸》记周公苦口婆心地告诫贵族要继承文王的品德，与民同苦同乐。他说："呜呼！君子所其无逸，先知稼穑之艰难，乃逸，则知小人之依。"① 在这个前提下，周公强调等级制度。《荀子·正名》说："刑名从商，爵名从周。"② 爵便是等级制，是统治者内部的等级关系在法律上的确定。《文选·晋记总论》载干宝言："名器崇于周公，权制严于伊尹。"③ 名器制就是等级制的体现，是贵族政治地位的象征。在等级制中，周公最为强调的是天子的威严。《尚书·康诰》记周公言："不率大戛，矧惟外庶子、训人，惟厥正人、越小臣、诸节。乃别播敷，造民大誉，弗念弗庸，瘝厥君。时乃引恶，惟朕憝。已！汝乃其速由兹义率杀。"④ 无论是诸侯国的庶子、训人还是官员，不遵守国家大法，损伤君主威严，则杀之无赦。"礼者为异"⑤，异即等级，实行礼的目的在于用等级固定每个人的社会地位，并

---

① （清）阮元校刻：《十三经注疏（清嘉庆刊本）》《尚书正义》卷16《无逸》，第470页。

② （清）孙星衍撰：《尚书今古文注疏》卷15，第365页。

③ （清）严可均编：《金上古三代秦汉三国六朝文》《全晋文》军127《晋记总论》，中华书局1958年版，第4380页。

④ （宋）蒙沈撰：《书集传》卷4《周书·康诰》，第194页。

⑤ （清）阮元校刻：《十三经注疏（清嘉庆刊本）》《礼记正义》卷37《乐记》，第3315页。

使之能安于天生的血统给自己带来的或贵或贱的命运，以使"民不迁，农不移，工贾不变，士不滥，官不滔，大夫不收公利"。①，从而达到天下秩序安定的治理效果。

综上可见，周公的礼制，既有血亲和睦的内容，又有维护等级威严的内容，目的是为了维护"亲亲""尊尊"的宗法制度。礼治中"亲亲"与"尊尊"的统一，即血缘关系与政治关系的统一。血缘关系有亲疏远近，政治关系有尊卑贵贱。由于周人以自然的人伦关系来确定尊卑上下的名分，使得这一等级制度罩上了一层温情脉脉的面纱，表现出一种为后世所称羡的特点：既有森严等级，所谓"贵贱有等"，又有敬让和睦，所谓"礼让为国"②。

春秋时期，政治趋向复杂化，"礼"更日益成为各国治理国家时强调的重要手段，正如《礼记·仲尼燕居》所言："治国而无礼，譬犹瞽之无相与。"③"克己复礼"、用"礼"，已成为各诸侯国统治者进行国家治理不可缺少的工具。

孔子一语道破春秋中后期政治秩序的变化和危机，他说：

> 天下有道，则礼乐征伐自天子出。天下无道，则礼乐征

---

① （清）洪亮吉撰：《春秋左传诂》卷8《昭公四·二十六年》，第780页。
② 参见韩星著：《周公礼治思想体系探析》，在《周公与中华礼乐文化——全国第四届周文化暨周公思想文化研讨会论文集》上册，第70—73页。
③ （清）阮元校刻：《十三经注疏（清嘉庆刊本）》《礼记正义》卷50《仲尼燕居第二十八》，第3501页。

伐自诸侯出。自诸侯出，盖十世希不失矣；自大夫出，五世
希不失矣；陪臣执国命，三世希不失矣。天下有道，则政不
在大夫。天下有道，则庶人不议。①

礼乐征伐不出于天子，而出于诸侯；政不在国君，而在
大夫；甚至政不在大夫，而在陪臣。这一切就是孔子当时所
看到的普遍的政治现实，在他看来无疑是政治乱象。春秋时
代，天子、诸侯、大夫、陪臣关系的变动，打破了以往权力
转移和利益分配的制度安排——"礼"，全然改变了旧有的
礼制秩序，孔子将此种情形称为"天下无道"。

管仲相齐的时候，天下形势虽然还没有败坏到"政不在国
君，而在大夫；甚至政不在大夫，而在陪臣"的程度，却也
已经变化到"礼乐征伐不出于天子，而出于诸侯"的地步。
管仲之所以能够辅佐齐桓公成为春秋首霸，也是当时的天下
形势变化所使然。

此外，从人的个体角度而言，礼，与其说是一种处事规
范，不如说是一种思想。春秋时期，人们对自身修养的见解，
对人际关系的看法，对以往人物和事件的评价，对社会秩序
的主张，无一不反映出对礼的内涵的认识，这也是研究管子
治国思想所不可缺少的一部分。

_____

① （梁）皇侃撰：《论语义疏》卷8《季氏第十六》，第425—247页。

《礼记·曲礼上》说：

> 礼，不妄说人，不辞费。礼，不逾节，不侵侮，不好
> 狎。修身，践言，谓之善行。行修，言道，礼之质也。

依礼而言，不随便讨好人，不说多余的话。依礼而行，不
超越节度，不侵辱他人，不与人亲昵失敬。加强自身修养，
说到做到，叫作善行。行为有修养，言谈符合道理，就体现
了礼的本质。这种"礼"，充分体现了春秋时期人们对于自身
以及他人道德修养的要求与向往。

总之，从国家角度看，在春秋时期，无论是对于周天子
还是对于列国诸侯来说，礼都是他们巩固统治地位的重要手
段，正所谓："礼者，君之大柄也。"① 尤其是春秋时期的诸
侯混战、争霸，会盟活动频繁，礼仪不仅是外交场合中的点
缀，而且被视为一种重要的外交斗争武器，各国对"礼"更
是重视。从个人角度言，在春秋时期，礼也已经成为人们修
身养性齐家、提升自身道德等日常生活中的重要组成部分。
管仲治国的内容与手段，脱离不了这一大的社会环境，这是
我们研究这段历史时所应该注意到的。

---

① （清）阮元校刻：《十三经注疏（清嘉庆刊本）》《礼记正义》卷21《礼运
第九》，第3071页。

二、援法入礼，以礼治国

管子的事迹和言论主要记录在《左传》《国语·齐语》《管子》等书中。《国语·齐语·管仲对齐桓公以霸术》记载管了仲与齐桓公这样一段话，集中地表现了管仲的政治思想：

> 桓公曰："吾欲从事于诸侯，其可乎？"管子对曰："未可，国未安。"桓公曰："安国若何？"管子对曰："修旧法，择其善者而业用之；遂滋民，与无财，而敬百姓，则国安矣。"桓公曰："诺。"遂修旧法，择其善者而业用之；遂滋民，与无财，而敬百姓。国既安矣，桓公曰："国安矣，其可乎？"管子对曰："未可。君若正卒伍，修甲兵，则大国亦将正卒伍，修甲兵，则难以速得志矣。君有攻伐之器，小国诸侯有守御之备，则难以速得志矣。君若欲速得志于天下诸侯，则事可以隐令，可以寄政。"桓公曰："为之若何？"管子对曰："作内政而寄军令焉。"桓公曰："善。"①

齐桓公问管仲："我想要讨伐不义的诸侯，这可以吗？"管子回答说："还不行。因为国家还不够安定。"齐桓公问："怎样才能使国家安定呢？"管子回答说："要修整旧的法令，选择其中好的加以继承革新；繁殖并增加人口，救济贫困的人，让

---

① 马骕撰：《绎史》卷 44《春秋第十四·齐桓公霸业·总记管重中》第 1017 页

百官整肃尽职，就可以使国家安定。齐桓公说："就这样办。"
于是整理旧的法令，选择其中好的加以继承革新；于是繁殖
增加人口，救济贫困的人，让百官整肃尽职。国家就此获得
了安定。齐桓公问："国家安定了，大概可以从事讨伐诸侯的
事了吧？"管子回答说："还不行。您假如想要整顿军队，制
造铠甲兵器，那其他大诸侯国也要整顿军队，制造铠甲兵器，
那您就很难尽快满足自己的心愿了。您有攻城讨伐的器械，
小国诸侯就有防御的准备，那您也就很难尽快满足自己的心
愿了。您假如想尽快满足自己讨伐天下不义诸侯的心愿，那
就应当把军令隐蔽起来，可以把它寄托在政事中。"桓公说：
"该怎么做呢？"管子回答说："治理国内的政务而把军令隐
蔽在里面。"桓公说："好。"

上文"修旧法，择其善于者而业用之；遂滋民，与无财，
而敬百姓，则国安矣"中管仲所说的"业"，有创造之意。这
句话主要包括如下三方面的思想：对旧法不是简单革除或废
弃，而是扬其善者并创造性地加以运用；对民，主要解决他
们的生计问题；对贵族，则要尊重依靠。

另外，据《左传·闵公元年》记载：

（齐桓）公曰："鲁可取乎？"（仲孙）对曰："不可。犹
秉周礼。周礼，所以本也。臣闻之：'国将亡，本必先颠，
而后枝叶从之。'鲁不弃周礼，未可动也。君其务宁鲁难而

亲之。亲有礼，因重固，间携贰，覆昏乱，霸王之器也。"①

春秋时代，从一开始，就日益成为一个竞争和兼并的时代，尽管还有周礼的约束。这里就是个明显的例子，齐国在春秋初期就有取鲁之意，齐侯想乘鲁国有乱的时候侵占鲁国，被齐大夫仲孙劝阻而止。仲孙提到周礼，他认为鲁国秉持周礼，认为周礼为治国之本，但灭亡混暗暴乱的国家，成就霸主之业，却是可以的。不过，仲孙所建议的"霸王"措施就不见得合乎周礼了。

明代赵用贤曾在《管子序》中这样说："王者之法，莫备于周公，而善变周公之法者，莫精于管子。"这里所说的周公之法，实际上指的就是周朝礼治之法。管仲对于周公之法的变革，在《管子》书中的记载叫作"修旧法"。"修旧法"，实际上就是管仲在尊重周代旧有礼治框架的基础上，建立起了一套崭新的适应齐国国情的法治管理体系；而且，在这套法治管理体系当中，有很大一部分内容属于旧有的周代礼治内容。因此，我们可以说，管子在国家治理过程中尊重并继承实践了周公的"礼治"思想。

前面已经说过，"礼"在中国古代是一个内容极其丰富的综合政治文化概念，主要是指与时代的等级秩序相适应的典章制度，以及礼仪礼节和社会行为的道德规范。中国古代的

---

① （清）洪亮吉撰：《春秋左传诂》卷6《传·闵公·元年》，第262—263页。

"礼"有其内在的特质和外在的表现形式。如《礼记·礼器》
所言："先王之立礼也，有本，有文。忠信，礼之本也；义
理，礼之文也。无本不立，无文不行。"①先王所制定的礼，
有本质有原则。忠信，就是礼的本质；义理，就是理的原则。
没有本质就不能确立，没有原则就不能施行。"礼"的内在特
质就是其所包含的基本精神和原则，外在表现形式就是日常
行为的一整套具体仪式与礼节。从现有文献记载，我们可以
看出中国古代"礼"的基本精神和原则主要包含以下三点：
首先，"礼"强调的是要维护宗法的等级秩序，讲究"上下有
分""贵贱有等""长幼有序""男女有别"。所谓："礼者，贵
贱有等，长幼有差，贫富轻重皆有称者也。故天子袾裷衣冕，
诸侯玄裷衣冕，大夫裨冕，士皮弁服。德必称位，位必称禄，
禄必称用。"②其次，就是要注重人伦，强调的是人际关系的和
谐，即"礼之用，和为贵"③。最后一点就是强调个人要积极
培养"温、良、恭、谦、让"的品质。关于"礼"的外在表现
形式，我们可以从《周礼》《仪礼》《礼记》等经典文献记载
中看到。古人将"礼"归纳为"五礼"，也就是"吉礼"、"凶
礼"、"军礼"、"宾礼"和"嘉礼"。这五种"礼"包括了中国
古人整个社会生活的各个方面，使之成为一套人们在政治、

① 马骕撰：《绎史》卷24《三代第十四·周礼文制》，第698页。
② （战国）荀况著：《荀子简释》《第十篇·富国》，第120—121页。
③ （梁）皇侃撰：《论语义疏》卷1《学而第一》，第15页。

社会日常生活中所必须遵守的规范规则。这些规范规则制约着大到国家重要活动，小到人的日常生活言行。"礼"在中国古代对治国安邦、维护统治、修养人品，塑造谦谦君子，对人的道德言行等都产生了极其深刻的影响，这大概就是中国拥有"礼仪之邦"声誉的原因之所在吧。

正是基于"礼"在治国理政中的重要作用，所以，《管子》一书在国家的治理上是非常注重强调实施礼治的，非常重视"礼"的教化。但管子没有对"礼"进行照搬照套式的继承，而是进行了创新性发展。在《管子》一书的首篇《牧民》中，就将礼、义、廉、耻视为国之四维，认为"四维不张，国乃灭亡"。"礼"首当其冲地排在首位，说明了"礼"在管子治国思想中的地位与重要性。

在管子的治国思想中，"礼"不仅是国家的法令规范，还可以作为人的社会行为的规范和标准，如果人们懂"礼"、守"礼"，就可避免出现"朝廷不肃，贵贱不明，长幼不分，度量不审，衣服无等，上下凌节"①的现象。春秋时期，"礼"用来确定人际关系的亲疏、判断事物的嫌疑、辨别物类的异同、分辨道理的是非的重要依据。"礼"就是那时人们区别于禽兽的行为规范。社会有了"礼"，就会相安无事，没有"礼"就会招致危害。人懂得了"礼"，就会使富贵的人不骄

---

① （明）刘绩补注：《管子补注》卷1《权修第三·经言三》，第16页。

奢、不淫侈，使贫贱的人能够意志坚强而不怯懦。因此，品行修正、言行一致就被视为"礼"的实质。正如《礼记·曲礼上》所云：

> 道德仁义，非礼不成；教训正俗，非礼不备。分争辨讼，非礼不决；君臣、上下、父子、兄弟，非礼不定；宦学事师，非礼不亲；班朝治军，莅官行法，非礼威严不行；祷祠祭祀，供给鬼神，非礼不诚不庄。是以君子恭敬、撙节、退让以明礼。鹦鹉能言，不离飞鸟；猩猩能言，不离禽兽。今人而无礼，虽能言，不亦禽兽之心乎？夫唯禽兽无礼，故父子聚麀。是故圣人作，为礼以教人，使人以有礼，知自别于禽兽。[①]

道德仁义，没有礼就不能成就；教训民众端正风俗，没有礼就不能完满；分辨争讼的是非，没有礼就不能决断；君臣、上下、父子、兄弟，没有礼，名分就不能确定；外出从师学习，没有礼，师生之间就不能亲密；排列朝廷的官位和整治军旅，莅临官职执行法令，没有礼就将失去威严；临时的祭祀和定期的祭祀，供奉鬼神，没有礼，就不能虔诚庄重。因此，君子态度恭敬、凡事有节制、对人谦让，这样来体现礼。鹦鹉能学舌，终是飞鸟；猩猩能言语，终是禽兽。现在

---

① （清）阮元校刻：《十三经注疏（清嘉庆刊本）》《礼记正义》卷1《曲礼上第一》，第 2664—2665 页。

作为人而无礼，虽然能说话，不也是禽兽的心态吗？只有禽兽才无礼，所以父子共一雌兽。因此有圣人兴起，制定礼来教育人，使人因此而有礼，知道把自己和禽兽区别开来。

同样，最重要的是，管子将上下贵贱的划分、等级制度的确立，视作维护正常的社会稳定与生产、生活秩序、国家达到治理的基本保证。这对于维护统治秩序是十分必要的。正如《管子·权修》篇所说：

> 凡牧民者，欲民之有礼也。欲民之有礼，则小礼不可不谨也。小礼不谨于国，而求百姓之行大礼，不可得也。[①]

统治百姓，就要百姓遵守礼节，要百姓遵守礼节，不可不重视小礼。国家不重视小礼，要想百姓遵守大礼，是不可能的。

春秋时期，"礼"还是维护国与国之间的关系和各种社会关系的准则，如：

> 凡侯伯，救患、分灾、讨罪，礼也。[②]

凡是诸侯领袖，救援患难、分担灾害、讨伐罪人，是合乎礼的。

---

① （明）刘绩补注：《管子补注》卷1《权修第三·经言三》，第17—18页。
② （清）洪亮吉撰：《春秋左传诂》卷7《传·僖公一·元年》，第270页。

　　君以礼与信属诸侯，而以奸终之，无乃不可乎？子父不奸之谓礼，守命共时之谓信。违此二者，奸莫大焉。[1]

　　君王用礼和信会合诸侯，而用邪恶来结束盟会，恐怕不行吧？儿子和父亲不相违背叫作礼，谨守君命、恭尽职责叫作信。违背这两点，没有比这再大的邪恶了。

　　管子治齐，不仅推动齐桓公在齐国强化"礼"治，而且还在天下诸侯当中带头推行礼治。管子告诉齐桓公说："招携以礼，怀远以德。德礼不易，无人不怀。"[2] 于是"齐侯修礼于诸侯"，会盟以礼，这使齐国的国际威望大增，以致首先成为春秋霸主。

　　在以"礼"治理国家的过程中，管子还深知以"礼"治国必须要有强大的经济作为保障。富民而后教民守礼，社会的经济发展与繁荣对"礼"的推行有着决定性的作用，这即是管子所说的"仓廪实则知礼节，衣食足则知荣辱"[3]。衣、食、住、行是人的基本生存生活条件，如果人的基本生活条件都失去了保障，那么单纯依靠"礼"是没有办法来规范人的社会行为的。由管子的论述可知，知"礼"、守"礼"的前提是国家经济的发展、民众生活的富足，而要实现民众的生

---

[1]　（清）洪亮吉撰：《春秋左传诂》卷7《传·僖公一·七年》，第282页。
[2]　（清）洪亮吉撰：《春秋左传诂》卷7《传·僖公一·七年》，第283页。
[3]　（明）刘绩补注：《管子补注》《管子传》，第1页。

活富足就要实行富民政策。国家的经济发展了，民众的生活富足了，"礼"才会切实可行地施行。①

作为一个成功的政治家，管子认为，国家法令与礼义道德是相互补充、相辅相成、缺一不可的。因此，在治理齐国期间，管子不仅注重以"礼"治国，在此基础上还特别重视以法入礼，注重法对"礼"的配合以及补充作用。

《管子·七法》说：

> 尺寸也，绳墨也，规矩也，衡石也，斗斛也，角量也，谓之法。②

《管子·七臣七主》说：

> 法律政令者，使民规矩绳墨也。③

《管子·明法解》中还说：

> 法者，天下之程式也，万事之仪表也。④

法就是治民一众的规范，是吏民的规矩绳墨。从另一个角

---

① 参见邵先锋著：《〈管子〉与〈晏子春秋〉治国思想比较研究》，齐鲁书社2008年版，第30—33页。
② （明）刘绩补注：《管子补注》卷2《七法》，第33页。
③ （明）刘绩补注：《管子补注》卷17《七臣七主》，第354页。
④ （明）刘绩补注：《管子补注》卷21《明法解第六十七·解五》，第419页。

度说，法是治理国家的主要凭借和规范上下的基本依据，也就是规范人的社会行为的准则，是固定化了的程式和仪表，是一切行为的标准。

事实上，管子是礼、法并重的主张者与实践者。管子强调法但却不纯粹依赖法，而是援法入礼，礼法并重。这是因为，管子不是周礼的反叛者，而是周礼的坚定维护者，是实事求是、因地制宜贯彻周礼的执行者。管子认为，在正常的国家治理过程中，"法出于礼，礼出于治"①，法与礼都是必不可少的治理国家的重要工具，都是国家机器的重要组成部分。但是，法是具有强制性的，而礼则只能通过教化和社会公众舆论的力量来贯彻落实。虽然法的作用很容易在短时间内收到明显的成效，但如果仅仅强调法制的力量，而忽视社会道德的作用，那么就很容易出现"刑罚繁而意不恐""杀戮众而心不服"②的结果。一个国家如果只重视法，而不在重法的同时重视礼的教化和养成，国家的道德体系建设跟不上，那么国将很难称其为国，将很容易出现问题。

事实上，管子的以法入礼，礼、法统一的治国思想，可谓是当时的一种更加全面、更加适应齐国国家治理的政治理念。管子之所以能够提出治国应该"礼""法"并重的观点，关键即在于管子本人就是治国活动的直接实践者，他的治

---

① （明）刘绩补注：《管子补注》卷 4《枢言》，第 83 页。
② （明）刘绩补注：《管子补注》卷 1《牧民》，第 6 页。

国理论直接来源于其治国的实践活动，这与后来的儒家、法家、道家等的理论家都有所不同。在他们那里，尽管有些见地非常深刻，但却不乏书生意气，理论认识有余，而实践经验不足，甚或存在着主观片面性。因此，管子的援法入礼，"礼""法"并重治国思想不仅在理论上具有创新性，在实践上也具有很强的可操作性。

三、礼义廉耻，国之四维

中国的传统政治，其核心就是如何有效地实现对臣民的政治管理。这主要集中表现在治民与治官两个方面。《管子》中的《牧民》《君臣》等篇都是集中论述这一重要问题的。《管子·牧民》就是专讲治民，是论述统治者如何管理百姓的。管子认为治民就像牧羊一样，这种贬义词是历史上"君重民轻"的产物，不过，这不是管子治民的重点。管子认为，治理国家，最重要的是在"礼义廉耻"上面下足功夫。在《管子·牧民》中，管子把"礼义廉耻"看作"国有四维"，如果这四维出现问题，国家就会灭亡。

《管子·牧民》说：

> 国有四维，一维绝则倾，二维绝则危，三维绝则覆，四维绝则灭。倾可正也，危可安也，覆可起也，灭不可复错

也。何谓四维？一曰礼，二曰义，三曰廉，四曰耻。礼不逾
节，义不自进，廉不蔽恶，耻不从枉。故不逾节则上位安，
不自进则民无巧诈，不蔽恶则行自全，不从枉则邪事不生。①

　　管子说："立国的根本在于有'礼义廉耻'四维的维系。
一维断绝，国将倾倒；二维断绝，国将危险；三维断绝，国
将翻覆；四维断绝，国将灭亡。倾倒可以扶正，危险可转安
定，翻覆可再振起，灭亡就不能再恢复了。什么叫四维？一
称为礼，二称为义，三称为廉，四称为耻。遵守礼，就不会
超越规范；讲求义，就不会自行钻营；做到廉，就不会掩饰
过错；懂得耻，就不会追随邪曲。因此，不超越规范，君主
的地位就稳固；不自行钻营，百姓就不会投机取巧；不掩饰
过错，品行就自然端正；不追随邪曲，坏事就不会产生。"
　　"维"，就是绳索。《管子》用帐篷来比喻一个国家，用
"礼义廉耻"四维来表示固定国家这个帐篷东南西北四个角的
四根绳子。"四维"断了一根国家就倾斜，断了两根就危险，
断了三根会颠覆，四根都断了，国家也就灭亡了。倾斜尚可扶
正，危险可以解除，颠覆还可翻身，灭亡就没办法起死回生
了。由此可见，"四维"对一个国家的政治建设是多么重要。
治理国家一定要从礼义廉耻道德教化入手，把官吏与民众引
导到礼治的道路上来，让他们知礼、懂礼、尊礼、守礼。

① （明）刘绩补注：《管子补注》卷1《牧民》，第5页。

《管子·牧民》又说：

> 四维张则君令行。故省刑之要在禁文巧，守国之度在
> 饰四维，顺民之经在明鬼神、祇山川、敬宗庙、恭祖旧。不
> 务天时则财不生，不务地利则仓廪不盈，野芜旷则民乃菅，
> 上无量则民乃妄，文巧不禁则民乃淫，不璋两原则刑乃繁，
> 不明鬼神则陋民不悟，不祇山川则威令不闻，不敬宗庙则民
> 乃上校，不恭祖旧则孝悌不备。四维不张，国乃灭亡。①

巩固国家的原则在于整顿四维,训导百姓的要旨在于崇奉
鬼神、祭祀山川、敬重祖宗、尊重亲旧。不重视天时，财富就
不会产生；不重视地利，粮仓就不会充盈；田野荒芜，百姓就
会怠惰；君主无节制，百姓就会妄为；奢侈不禁，百姓就会放
纵；不堵塞"两源"，刑法就会繁多；不崇奉鬼神，小民就不
会信从；不祭祀山川，威令就不会播扬；不敬重祖宗，百姓就
会犯上作乱；不尊重亲旧，孝悌之德就不算完备。总之，管子
强调"四维"是贯彻推行政令和巩固国家的重要保障，尊礼、
有义、知耻、守廉是国家善治的重要手段，推行礼、义、廉、
耻四维建设，是一个社会实现善治的目标。

管子不仅阐述了"四维"在推行政令、巩固国家和实现
社会善治中的重要作用，还指出了应该有目的、有计划、有

---

① （明）刘绩补注：《管子补注》卷1《牧民》，第4页。

组织地对国民进行"礼义廉耻"的"四维"教育。

管子深刻地认识到，教化民众是一个长期坚持的过程，教育则是教化的重要手段。教育是一种思维的传授，而人因为其自身的意识形态的差异，有着不同的思维定势，可能与"礼义廉耻"的"四维"思维定势有偏差甚至偏离度会很大。所以，应当通过教育的传授方式，让国民对"礼义廉耻"的"四维"达到认知理解的状态，并形成一种相对完善或理性的自我意识思维，进而把这种思维意识变成实际行动，"礼义廉耻""四维"才能真正地发扬光大起来，并发挥出它应有的作用。

既然"礼义廉耻"的"四维"教育如此重要，那么该如何起步？从哪里抓起？管仲特别强调"四维"教育要防微杜渐，从一件件小礼、小义、小廉、小耻抓起，长期坚持。

《管子·权修》说：

> 凡牧民者，欲民之正也。欲民之正，则微邪不可不禁也。微邪者，大邪之所生也。微邪不禁，而求大邪之无伤国，不可得也。凡牧民者，欲民之有礼也。欲民之有礼，则小礼不可不谨也。小礼不谨于国，而求百姓之行大礼，不可得也。凡牧民者，欲民之有义也。欲民之有义，则小义不可不行。小义不行于国，而求百姓之行大义，不可得也。凡牧民者，欲民之有廉也。欲民之有廉，则小廉不可不修也。小廉不修于国，而求百姓之行大廉，不可得也。凡牧民者，欲民之有耻也。欲民之有耻，则小耻不可不饰

也，小耻不饰于国，而求百姓之行大耻，不可得也。凡牧民者，欲民之修小礼、行小义、饰小廉、谨小耻、禁微邪，此厉民之道也。民之修小礼、行小义、饰小廉、谨小耻、禁微邪，治之本也。①

统治百姓，就要百姓走正道，要百姓走正道，就不能不禁止小的邪恶。小的邪恶是大的邪恶产生的根源，不禁止小的邪恶，要想大的邪恶不危害国家，是不可能的。统治百姓，就要百姓遵守礼节，要百姓遵守礼节，不可不重视小礼。国家不重视小礼，要想百姓遵守大礼，是不可能的。统治百姓，就要百姓实行仁义，要百姓实行仁义，不可不推行小义。国家不推行小义，要想百姓实行大义，是不可能的。统治百姓，就要百姓做到清廉，要百姓做到清廉，不可不修治小廉。国家不修治小廉，要百姓做到大廉，是不可能的。统治百姓，就要百姓懂得羞耻，要百姓懂得羞耻，不可不整顿小耻。国家不整顿小耻，要百姓懂得大耻，是不可能的。总之，治理国家，统治百姓，要重视以礼治国，要从具体小处入手，通过具体而深入的教化，要百姓重视小礼、推行小义、修治小廉、整顿小耻、禁止小邪，这是教育百姓的有效方法。百姓能够重视小礼、推行小义、修治小廉、整顿小耻、禁止小邪，这就是治理国家的根本所在。

---

① （明）刘绩补注：《管子补注》卷1《权修》，第17—18页。

最后，以宋代欧阳修《新五代史·杂传第四十二》中的一段话来结束本章的论述。欧阳修说：

> 《传》曰："礼义廉耻，国之四维；四维不张，国乃灭亡。"善乎，管生之能言也！礼义，治人之大法；廉耻，立人之大节。盖不廉，则无所不取；不耻，则无所不为。人而如此，则祸乱败亡，亦无所不至。况为大臣而无所不取，无所不为，则天下其有不乱，国家其有不亡者乎？予读冯道《长乐老叙》，见其自述以为荣，其可谓无廉耻者矣，则天下国家可从而知也。①

看来，后梁、后唐、后晋、后汉、后周五代之所以短命，与其丢弃了把"礼义廉耻"作为治国的纲领和用作维护其统治的原则确实具有一定的关系。

---

① （宋）欧阳修撰，（宋）徐无党注：《新五代史》卷54《杂传第四十二》，中华书局编辑部点校，中华书局1974年版，第611页。

第四章　农业为本　商工富国

　　"仓廪实则知礼节，衣食足则知荣辱"，这是管子治理国家、发展经济、富裕百姓的至理名言。管子首先是一个成功的商人，然后才是一个卓越的政治家。民以食为天。财政是国家的实力基础，治国方略要以经济实力为基础。管子深谙此中的道理。因此，管子相齐，发展经济是他治理国家的一个重点。在先秦的众多典籍中，《管子》的经济思想不仅十分丰富，而且最具特色。《管子》一书，记载了管子治理齐国时的国家垄断理论与实践，主要表现在：（1）垄断货币的铸造与发行；（2）由国家掌握充足的谷物；（3）控制盐铁；（4）垄断山林及特产；（5）操纵市场，从中取利。管子主张，国家操纵市场，把政治权力、货币、谷物等方面的垄断与市场结合起来，制造物价起伏，从中取利，从而增加国家的财政收入。通观之，办法有五：（1）通过垄断价格以取利；（2）用行政手段制造物价起伏，从中获利；（3）强令货币谷物相互折代，从中取利；（4）利用市场规律取利；（5）放贷以取利。《管子》的《牧民》《立政》《治国》等篇都认为治理国家应该先从发展经济、增加社会财富入手，以农为本，发展商工，以辅佐齐桓公实现富国强兵、称霸天下的目标。《管子》不仅论述了自然经济，也论述了商品经济与市场经济。管子的经济外交与侈靡消费理念，在先秦诸子中都是无与伦比的。司马迁说："管仲既任政相齐，以区区之齐在海滨，通货积财，富国强兵，与俗同好恶……俗之所欲，因而予之；俗之所恶，因而去之。其为政也，善因祸而为福，转败而为功。贵轻重，慎权衡。""知与之为取，政之宝也。"

一、农业是立国之本

春秋时期是中国早期社会发生剧变的重要时期。西周推行的井田制度走向瓦解，"公田不治""草在田间"的现象已经十分严重。随着争霸战争的需要，改革现有经济制度，想方设法发展经济，已经成为当时各诸侯国生存发展的第一要务。在齐国，齐桓公任用管仲为相，对齐国进行了大刀阔斧的改革。在治理齐国期间，管仲积极鼓励发展农业生产，同时注意减轻民众的负担。在《管子·牧民》篇中，管仲首先便提到"凡有地牧民者务在四时，守在仓廪。国多财则远者来，地辟举则民留处。仓廪实则知礼节，衣食足则知荣辱"[①]。管仲认为治理国家必须重视农业生产的发展，而发展农业就必须重视土地的大量开发，只有大量开荒，扩大耕地，增加农业产出和储备，才能富国强兵，才能吸引更多的人口。在春秋诸侯国相互争霸的时代，人口的多少意味着生产力和财富的多寡，意味着综合国力的高低，意味着战争的胜负。

民以食为天。管子深谙此中的道理。《管子》的《牧民》《立政》《治国》等篇中都认为治理国家应该先从发展经济、增加社会财富入手，以实现富国强兵、称霸天下的目标。而要发展经济，增加社会财富，首要的事情就是发展农业。

齐国虽立国方不足百里，地处不适宜五谷种植的滨海地区，但齐国有为的君臣没有放弃农业这一关乎国计民生的产业发展。管仲辅佐齐桓公治理齐国，在继承太公"通商工之业，便渔盐之利"的治国之策的同时，仍旧不忘狠抓农业发展这一根本。这是因为经过齐国历代君主的征伐，齐国的疆域已大大超过了封国时的方不足百里，到齐桓公即位时，据当代有学者推测，齐国的可耕土地已经达到了一千七百六十万亩。[②]

管子认为，国强先要民富，民富才能国强，农业生产是富民的根本。

---

① （明）刘绩补注：《管子补注》卷1《牧民》，第4页。
② 参见刘兴林著：《管子农本观及齐国农业的发展》，载《管子与齐文化》，北京经济学院出版社1990年版。

《管子·治国》说：

> 凡治国之道，必先富民，民富则易治也，民贫则难治也。奚以知其然也？民富则安乡重家，安乡重家则敬上畏罪，敬上畏罪则易治也。民贫则危乡轻家，危乡轻家则敢凌上犯禁，凌上犯禁则难治也。故治国常富，而乱国常贫。是以善为国者，必先富民，然后治之。
>
> 昔者七十九代之君，法制不一，号令不同，然俱王天下者何也？必国富而粟多也。夫富国多粟生于农，故先王贵之。凡为国之急者，必先禁末作文巧；末作文巧禁，则民无所游食；民无所游食则必农。[1]

管子认为："田垦则粟多，粟多则国富；奸巧不生则民治。富而治，此王之道也。"[2]治国之道，"必国富而粟多也"。夫富国多粟生于农"。因而，他主张以农业生产为本，"禁末作，止奇巧，而利农事"。

第一，大凡治国理政的办法，一定要先使百姓富裕。百姓富裕就容易治理，百姓贫穷就难以治理。怎样知道是如此的呢？百姓富裕就安居乡里看重家庭，他们安居乡里看重家庭就会尊敬官吏、害怕犯罪，百姓尊敬官吏、害怕犯罪国家就容易治理。百姓贫穷，就不安居乡里看轻家庭，不安居乡里

---

① （明）刘绩补注：《管子补注》卷15《治国》，第329页。

② （明）刘绩补注：《管子补注》卷15《治国》，第329页。

看轻家庭，百姓就敢凌辱官吏、冒犯禁令，百姓凌辱官吏、冒犯禁令，国家就难以治理。所以安定的国家常常是富裕的，而动乱的国家必定是贫穷的。因此善于治理国家的君主，一定要先使百姓富裕，然后才能治理好国家。

　　第二，从前历代君主，虽然法制不一样，号令也不相同，但是都能称王于天下，这是因为国富粮多。国富粮多是因为农业生产的兴旺，所以先王重视农业生产。大凡治理国家的当务之急，是要先禁止工商业中的奢侈品的制作和经销。奢侈品的制作和经销受到了禁止，百姓就不去从事这个行业，百姓不去从事这个行业，就势必去从事农业生产了，百姓都去从事农业生产，田地就得到开垦，田地得到开垦粮食就增多，粮食增多国家就富足，国家富裕军队就强大，军队强大战争就能胜利，战争胜利土地就会广大。因此先王深知要使百姓多、武力强、土地广、国家富裕必须以粮食生产为基础，所以禁止制作和经销奢侈品，不准传授奢侈品的制作技巧，以有利于农业生产。如今从事奢侈品制作和经销的人，一日的劳作就可得到五日的食用；而农夫整年的耕作，不足以供给自己食用。这样百姓就舍弃农业生产而去从事奢侈品的制作和经销了，舍弃农业生产而去从事奢侈品的制作和经销，那么田地就会荒芜，国家也就贫穷了。

　　管仲通过自己的生活实践认识到，治国先要富民，要富民就要抓好事关民以为天的粮食生产，可以说粮食关乎国家的富裕与民众的安定，甚至关乎国家的兴亡。

管子认为：

> 谷者，民之司命也。①
> 五谷食米，民之司命也。
> 凡五谷者，万物之主也。②
> 不生粟之国亡，粟生而死者霸，粟生而不死者王。粟也者，民之所归也；粟也者，财之所归也；粟也者，地之所归也；粟多则天下之物尽至矣。③

粮食是人民生命的主宰，所以，粮食问题不可低估，不可忽视，其在治国中的作用是至关重要的。因为不生产粮食的国家要灭亡，生产粮食而吃光用尽的国家可以称霸，粮食生产供消费后还有积蓄的可以称王，所以先王重视农业生产，是因为他们在治国的实践中已经认识到国家富裕、粮食丰厚来源于农业。他们深知：

> 民事农则田垦，田垦则粟多，粟多则国富，国富者兵强，兵强者战胜，战胜者地广。是以先王知众民、强兵、广地、富国之必生于粟也，故禁末作，止奇巧，而利农事。④

---

① （明）刘绩补注：《管子补注》卷15《山权数》，第446页。
② （明）刘绩补注：《管子补注》卷15《国蓄》，第1272页。
③ （明）刘绩补注：《管子补注》卷15《治国》，第331页。
④ （明）刘绩补注：《管子补注》卷15《治国》，第329页。

如果舍弃农业而求其他，"则田荒而国贫矣"。所以：

> 明王之务，在于强本事，去无用，然后民可使富。[①]

管子在这里所说的"本事"，指的就是农业生产。

既然粮食生产是成就王业的根本大事，是治理国家的主要路径，为了发展齐国的农业生产，管子在相齐的过程当中，劝谏君主，要求官吏不夺民时，因为时令对于农事来说太宝贵了。人们不可能将时令收藏起来使之停滞不前，耽误了时令就可能造成一年的粮食无收。管子还劝谏齐桓公要减轻农人的负担，要相地而衰征，要轻徭薄赋，还要让农人集中在一起居住，以促进相互间的技术交流，以促进农业的发展。

> 粟者，王之本事也，人主之大务，有人之涂，治国之道也。[②]

管子认为，发展农业生产是君主不可忽视的大事，是君主的当务之急，是保有民众的途径，是治国的根本之策。

> 先王者，善为民除害兴利，故天下之民归之。所谓兴利
> 者，利农事也。所谓除害者，禁害农事也。农事胜则入粟多，
> 入粟多则国富，国富则安乡重家，安乡重家则虽变俗易习、

---

① （明）刘绩补注：《管子补注》卷3《五辅》，第67页。
② （明）刘绩补注：《管子补注》卷15《治国》，第331页。

驱众移民，至于杀之，而民不恶也。此务粟之功也。上不利
农则粟少，粟少则人贫，人贫则轻家，轻家则易去，易去则
上令不能必行，上令不能必行则禁不能必止，禁不能必止则
战不必胜、守不必固矣。夫令不必行，禁不必止，战不必胜，
守不必固，命之曰寄生之君。此由不利农少粟之害也。[①]

　　管子的这段话直接点明了粮食生产的重要性。先王因为
善于为民除害兴利，所以天下的百姓归附他。所谓兴利，是
指做有利于农业发展的事；所谓除害，是指做禁止有害于农
业发展的事。统治者要使天下的民众归附，就要为他们兴利
除害。兴利就是要有利于农业的生产，除害就是要禁止扰害
农业生产。农业生产发展了，粮食就多，粮食多了，国家就
富裕，民众就能安居乐业。在这种情况下，即使改变风俗，
驱赶移民，甚或有所杀戮，民众也不会憎恶他，这就是发展
农业致力于粮食生产的功效。反之，如果君主不注重发展农
业，那么粮食生产的就少，粮少，民众就不能安居乐业，
不能安居乐业就会为了生存而流亡。在这种情况下，君主的
命令就不一定能推行，禁令就不一定能制止，作战就不一定
胜利，防守就不一定能牢固。令不能必行，禁不能必止，战
不能必胜，守不能必固，这些不利于国家治理的问题，就是
不发展农业生产而缺少粮食所引起的祸害。

---

①　（明）刘绩补注：《管子补注》卷15《治国》，第331页。

　　当然，管子心目中的农业是"大农业"的概念，而非狭义的"农业"，它既包含农业，也包含畜牧业、林业，甚至水利工程等一切与粮食生产相关的领域与内容。

　　管子认为，土地和劳动是获取社会财富的基本要素。据《管子·小问》记载："（齐桓）公曰：'请问富国奈何？'管子对曰：'力地而动于时，则国必富矣。'"[1] 就是说，按照农时辛勤耕耘，就会产生财富，国家就会富强。《管子·八观》说："民非谷不食，谷非地不生，地非民不动，民非作力，毋以致财。"[2]《管子·水地》说："地者，万物之本原，诸生之根菀也。"[3] 可见，管子是将土地看作最重要的生产资料、财富的基础的。在《管子·乘马》中，管子还将土地看作政事之本，他说："地者，政之本也，是故地可以正政也。地不平均和调，则政不可正也。政不正，则事不可理也。"[4] 这里所说的"地者，政之本"，并不是说作为自然资源的土地本身可以左右政事、具有根本性作用，而是意在阐明，在合理分配土地、正确使用土地，以使土地最大限度地为国家带来财富的意义上，土地具有"政之本"的作用。因此，有了土地这个基础，通过劳动者按照农作物生长四时季节的辛勤劳作，财富便会源源而来。

<hr />

　① （明）刘绩补注：《管子补注》卷16《小问》，第341页。
　② （明）刘绩补注：《管子补注》卷5《八观》，第90页。
　③ （明）刘绩补注：《管子补注》卷14《水地》，第295页。
　④ （明）刘绩补注：《管子补注》卷1《乘马》，第26页。

发展农业，还要很好地解决水的问题。水是农业的命脉。中国是一个农业大国，也是一个水患频发的国度。齐国位于黄河下游，滔滔黄河横穿国中，奔流入海。除黄河之外，在齐国这片肥沃的土地上，还有济水、淄水等河流。这些大河为齐国的农业生产提供了丰富的水源。同时，因齐国地势低洼，黄河泥沙淤积致使河床增高，导致河水在雨季冲决河堤，造成水患，使老百姓无家可归。所以齐国发展农业生产的首要任务就是治理水患。治水首先必须有一个严密的组织和强有力的机构。当时在齐国，司空为治水的最高行政长官，全面负责全国的抗旱、排涝、修渠、筑坝等事务，做到即使有水患发生，也不致影响农业生产；即使旱灾频发，也不会影响粮食的收成。司空之下，设立大夫、大夫佐各一人，领导、指挥校长、官佐和各类徒隶。在具体事情上还要挑选水工头领，勘察巡视水旱形势，安排水利工程的修缮事宜。挑选治水力量是在每年秋后普查工作的基础上进行的。秋收结束后，官府进行土地、人口、户籍的普查，统计男女老幼的人数，对于那些不能参加治水劳动的，免除劳役；久病不能服役的，按病人处理；年幼体弱的，按半劳力处理。这样便组成了一支强有力的治水队伍，保证了治水工作的顺利进行，从而确保了农业生产，尤其是粮食的丰收。

粮食生产只是农业生产、增加社会财富的一个方面，要确保国家富强、民众富裕，还必须发展多种经营，所以《管子》的《牧民》《五辅》《立政》等篇都论述了"养桑麻，育六畜"的生产必要性。管子指出，搞好粮食生产，民众就不会挨饿；

广种桑麻，多养六畜，民众就会富裕起来。春秋初期，随着大片荒地不断得到开发，山林湖泽逐渐得到利用，林牧渔业也逐渐地发展起来。管子敏锐地注意到这种变化，于是将多种经营纳入自己的治国方略。他算了一笔账，证明种植瓜果蔬菜的重要性：假如一种粮食没有收成，就会缺少一种粮食，粮价就会上涨十倍；两种粮食没有收成，粮价就会上涨二十倍。遇到这样的年景，国家就应该提倡以瓜果蔬菜来弥补粮食的欠缺。不仅如此，瓜果蔬菜还可以使民众的生活逐渐地富裕起来。管子认为，老百姓要填饱肚子，每人需要三十亩地，一亩地一石，每人需要三十石粮食，糠麸畜产相当于十石粮食，则每人拥有五十石粮食。再加上布帛丝麻和其他副业收入，老百姓手中有余粮，自然就会去换钱，日子就会富裕起来。①

总之，作为一位注重实际、政求力行、重视民生的政治家，管子的以农业为本的治国思路，让齐国摆脱了贫弱、走向了富强，为齐桓公的霸业在经济上奠定了坚实的基础。

二、相地衰征，富上足下

为了调动广大农民的生产积极性，就必须相应地制定按照土地肥瘠程度征收赋税的政策，使耕种不同土地的农民都

---

① 参见池万兴著：《管子》，陕西师范大学出版社2017年版，第99—101页。

有收成，都有收入和生活来源，这样才能保证广大农民尽心尽力地按时耕作，获取丰收，这就是管子在齐国所倡导和实施的"相地而衰征"的赋税政策。

管子在齐国的经济改革是从农业改革入手的，而农业改革的主要内容就是制定了"相地而衰征"的新赋税制度。这一举措在中国历史上最早敲响了劳役地租的丧钟，开了实物地租代替劳役地租的先河。这显然是一个巨大的进步。

管子深知，土地制度是影响农业生产的关键因素。土地制度不公平、不合理，就会扼制农业生产的积极性，阻碍农业经济的发展。所以，管子根据土地肥瘠好坏进行大胆的改革。

第一，实行均田制，在鄙野废除公田。西周井田制的典型形态是一里见方为一井，每井九百亩，中间是公田，四周是私田。人们先在公田劳作，作为劳役地租；然后才能在私田里劳作。但由于剥削残酷，打击了农民生产的积极性，人们消极怠工，甚至结伙逃亡，致使公田荒芜。鉴于此，管子将各种各样的土地，按照一定的标准折算后平均分配给农民分户耕种。这虽然没有彻底废除井田制，但由于实行地租分成制，在很大程度上打破了公田与私田的界限，使农民在缴纳赋税后可以保留其余部分。这样在均田的情况下，农民分户耕作，付出的劳动多，收获自然也多，缴纳赋税后剩余的农产品也会多。这样就极大地调动了广大农民生产的积极性，从而促进了农业生产的发展。

第二，推行"相地而衰征"的赋税政策。管子将土地按照耕地、山林、水泽等各种各样的性质和面积公平折算后平均分配给农民耕作，按照土地的肥沃、贫瘠等不同情况征收租税，这就是所谓的"相地而衰征"的赋税政策。《管子·地员》分析了土地的地势高低、水源深浅及土质优劣等问题后，将土壤分为九十类，可种植谷物共达三十六种之多。在《管子·乘马数》中又进一步将土地分为上壤、间壤和下壤三种，这就为"相地"提供了科学依据。管子之所以如此重视"相地"，是因为"相地"是"均地"的基础，只有把"相地"这一环节做好了，才能真正实现公平合理的"均地"，以达到调动农业生产者积极性的目的。

在"相地"的基础上，管子在《管子·乘马》论述了"均地"的具体方法。概括起来说，就是根据土地的好坏，按照一定的标准，将不同的土地进行对比折算，以便预估产量及征收租税。这样，实际上就将租税与产量联系了起来，以土地产量的高低为标准来确定租税的差别。当然，"均地"是为了"分力"，"分力"是以劳动力为单位的。每一个劳动力，无论是从事何种作业，所拥有的劳动对象折算为正常可耕地的数量是相同的。这样，劳动者所付出的劳动越多，获得的剩余产品也就越多，这就有利于调动生产者的积极性。

此外，除根据土地好坏征收赋税之外，管子还强调要根据年成的丰歉确定租税的高低。《大匡》记载征收租税的办法，用粮食缴纳租税，按土地肥瘠分别征收。一般情况下每两年征收一次，好年成按十分之三征收，中等年成按十分之二征收，下等年成按十分之一征收，灾荒之年不征收，待饥荒情况好转后再征收。显然，这一税收政策对于缓解社会矛盾、促进农业经济的发展具有重要的意义。管子的税制改革顺应了民心，调动了农民生产劳动的积极性。"相地而衰征，则民不移"，说明在此之前流民现象十分严重；由于实行了新的土地政策与租税政策，农民群体稳定了，促进了农业经济的发展，为齐桓公图霸奠定了坚实的物质基础。

第三，实行"富上而足下"的财富分配制度。社会财富的分配与再分配是历代统治者都十分重视的重要问题。这一问题处理得是否得当，关系着社会秩序是否稳定，甚至影响到政权是否巩固。如果贫富差距过大，那么各种社会矛盾就会凸显出来，从而直接威胁社会的稳定。管子对于这一问题的认识，比起同时代的政治家及坐而论道的思想家来，更为高明，更具有现实可行性。

首先，管子提倡"富上而足下"[①]，认为国富与民富是相辅相成的，民富是国富的基础。民富则国家不会财政枯竭，民穷国富就成为空中楼阁。那么，如何实现民富的目标呢？《管子·权修》中提出了"以其所积者食之"[②]的基本方针。这里的"积"是劳绩、功绩的意思；"食"是劳动所得和俸禄。这句话的意思是说，老百姓要靠自己的辛勤劳动养活自己；辛

---

① （明）刘绩补注：《管子补注》卷16《小问》，第344页。
② （明）刘绩补注：《管子补注》卷1《权修》，第15页。

勤劳动，多创造财富，就可以在上交规定的赋税后多得一些财富。越是勤劳的人所得就越多，自然也就越富有；不想出力流汗，财富不会从天上掉下来。所以《管子·八观》说，百姓没有粮食就不能生活，粮食没有土地就不能生成，土地没有百姓就不能种植，百姓不努力劳作，就无法得到财物。天下一切财物的生成，是由于农民用力气；力气的生成，是由于劳动身体，所以只有辛勤劳动才能致富。这里实际上已经提出了"按劳取酬"的分配制度。对于这一分配制度的意义，管子也有明确的认识，《管子·权修》说，凡是治理百姓，要根据劳绩大小给予俸禄。劳绩大的俸禄多，劳绩小的俸禄少，没有劳绩的不给俸禄。如果有劳绩而得不到俸禄，百姓就和君主离心离德；劳绩大而俸禄少，百姓就不愿尽力；劳绩小而俸禄多，百姓就伪诈欺骗；没有劳绩而自得俸禄，百姓就会苟且侥幸。如果百姓离心离德、不愿尽力、伪诈欺骗、苟且侥幸，那么治国理政就不会成功，抗敌就不会取胜。由此可见，"按劳取酬"具有多么重要的意义！在两千多年前，管子就能够提出多劳多得、不劳不得，其进步意义是不言而喻的。

其次，在按劳取酬的前提下，实行扶贫抑富的政策，维护正常的社会秩序。

"贫富有度"的平均观念是先秦思想家们共同关心的一个社会问题，管子同样关注这一问题。但先秦其他思想家们主要是从伦理的角度去阐释他们反对贫富悬殊、主张贫富有

度的平均观，而管子更多地是从政治的角度，即从维护君主
统治、为开创霸业而争取民心的角度去论述贫富悬殊的问题，
以达到贫富有度的均衡。因此，管子的主张更具有针对性与
可操作性。他根据当时齐国的现实情况，认为造成贫富无度
的原因主要有三个。其一，国家政权对于社会财富的分配及
再分配调节干预不力。这实际上是从最高统治者方面谈造成
贫富无度的原因。在当时，国君作为最高统治者掌握着生杀
予夺的大权，他们执行什么样的政策，直接关系到百姓的利
益。所以从一定意义上来说，贫富是否有度主要是由君主所
推行的政策决定的。《管子·国蓄》说："予之在君，夺之在
君，贫之在君，富之在君。"社会上之所以出现贫富不均的现
象，在于统治者没有运用国家政权的力量去"分并财利而调
民事"①。在管子看来，之所以导致贫富无度，是因为"谷有
所藏"和"利有所藏"；而这两种现象的产生，都是由于国家
的最高统治者未能有效地调节各阶层的利益。其二，富商大
贾与官僚集团相互勾结，造成贫富不均。富商大贾对百姓的
盘剥是不择手段的，他们唯利是图，囤积居奇，牟取暴利。
《管子·国蓄》认为，年成有好有坏，因而谷价有贵有贱；
政令有缓有急，因而物价有低有高。但是如果君主不能控制
好，就会使巨商大贾操纵市场，利用百姓的不足，牟取百倍
的暴利。《管子·轻重甲》也认为，如果国君急于征税，老百

---

① （明）刘绩补注：《管子补注》卷22《国蓄》，第335、436页。

姓就会被迫抛售产品，这样产品的价格往往就会降低一半，落入那些富商大贾手中，导致那些富商大贾囤积居奇，借机谋取暴利。这样更加剧了贫富分化的进程，使贫者愈贫，富者更富。其三，由于劳动者的智能不同，即使付出同样的劳动，也会有收益的差距，即所谓巧者有余而拙者不足。这也是导致贫富不均的一个重要原因。

由于贫富悬殊是社会动乱的根源之一，它严重影响着社会秩序的安定与民心的凝聚，所以管子认为："贫富无度则失……贫富失，而国不乱者，未之尝闻也。"① 可见，管子深知，贫富分化严重地威胁着国家的安定。

那么，怎样才能做到贫富有度呢？管子认为，贫与富要有一定的数量界限，这个数量界限要通过国家权力来调节与实现，要充分发挥国家的宏观经济调控职能。国家要操纵予、夺、贫、富的权力，把一切经济利益之源控制在自己手中，实行国家垄断。对于富者的"度"，《管子》并没有记录其数量界限，只是笼统地提出要抑制富商大贾，富而能夺，散积聚，分财并利。对于贫者，要让他们有基本的生活保障。只要百姓的生活有了保障，他们就不会铤而走险，凌上犯禁，社会就会安定。②

为什么只有通过国家的干涉才能得以调节呢？这是因

---

① （明）刘绩补注：《管子补注》卷3《五辅》，第65页。

② 参见池万兴著：《管子》，陕西师范大学出版社2017年版，第101—106页。

为，社会上存在着利益冲突，人之常情是趋利避害，富商大
贾绝不会自动地将利益让出去，国家只有进行调节才能使社
会经济有秩序地发展，这就需要国家依靠法令与政策进行强
制性剥夺，或者借助于经济手段进行调节，以达到散发囤积
的粮食，调剂多余和不足，分散所聚藏的货币的目的。发挥调
节社会不同集团利益关系的职能，是经济发展和实现社会稳
定对国家提出的基本要求。这一点古今中外概莫能外。遵循
贫富有度的社会治理，防止贫富悬殊，是管子治理智慧的一
个突出现象。在推进社会主义市场经济的今天，随着中国东
西部地区发展不平衡的加剧以及社会财富分配不均的日益严
重，国家如何调节地区之间、社会集团之间的利益，已成为一
个十分迫切的现实问题，管子的论述至今仍不无借鉴意义。

　　第四，实行"禁发必有时"政策。为了保证农业生产的
可持续性发展，管仲还规定征发劳役不妨碍农耕的时令，不
掠夺农民的家畜。尤其是在农忙季节，他要求保证有足够的
人力、物力用于农业生产。管仲特别强调："山林虽广，草木
虽美，禁发必有时；国虽充盈，金玉虽多，宫室必有度；江
海虽广，池泽虽博，鱼鳖虽多，网罟必有正，船网不可一财
而成也。非私草木爱鱼鳖也，恶废民于生谷也。"[1]这些措施
照顾到了各方面的情况，尽力做到了将当下利益与长远利益

---

[1]　（明）刘绩补注：《管子补注》卷5《八观》，第90页。

相结合，减轻了农民负担，使农民生活趋于安定。这无疑有利于齐国农业生产的恢复和发展。

三、重视发展工商业

在提高民众的劳动积极性、促进农业生产发展的同时，管仲还采取了一系列鼓励工商业发展的有效措施。

齐国东临大海，有鱼盐之利，管仲主张凡鱼盐出口可不纳税。他又设置盐官、铁官，发展盐、铁业；铸造和管理货币，促进商业和手工业的发展。根据年成的丰歉和百姓的需求，集散货物，"以其所有，易其所无"①，做到通货积财，增加国家收入。具体而言，管仲发展工商业的措施主要集中以下几个方面：（1）使四民分业定居。即士农工商各有其居住区，不许迁徙，不许杂处，职业世代相传。这样，使工商从业人员确立起有利于本行业发展的生活环境，并通过各自职业和居住的固定化，逐步养成浓厚的专业气氛和良好的职教风气，业务专长也可得到不断提高。（2）放宽商业税收，发展商业贸易。其中，最重要的就是免征商业贸易税，鼓励对外商品贸易。《国语·齐语》载，管仲主张："通齐国之鱼盐之东

---

① （明）刘绩补注：《管子补注》卷8《小匡》，第151页。

莱,使关市几而不征,以为诸侯利。"① 又据《管子·大匡》载:"桓公践位十九年,驰关市之征,五十而取一。"② "关市几而不征"是对过往关卡的客商及其所带物资只盘查不收税;"五十而取一"是百分之二的轻税。总之管仲任相期间,对商人是非常宽容的,这对发展齐国的社会经济起了重要作用。(3)对国外来商采取一系列优惠政策。为了开展对外贸易,以"来天下之财",管仲建议齐桓公:"请以令为诸侯之商贾立客舍,一乘者有食,二乘者有刍菽,伍乘者有伍养。"也就是设立宾馆,并提供膳食、牲畜的厩棚和饲料,以招待天下客商,结果大见成效。"天下之商贾归齐若流水"。(4)"官山海",就是由国家占有并经营自然资源的开发利用。这一政策包括两个方面:一方面,设官管理山海,便于国家对山海资源的开发;另一方面,将山海所产盐铁产品由政府经营并定价出售。(5)为使手工业能正常发展,管仲提出了禁末问题。禁止雕木镂金和华丽锦绣等奢侈品的生产。禁末不是禁止一般手工业,而是去掉"无用"之业,改变"侈国之俗",使手工业得到健康发展。

由上可见,在外贸政策方面,管仲采取的是朴素的对外开放和自由贸易政策,在招揽外商和专业人才方面,管仲着重以

---

① (清)马骕撰:《绎史》卷44《春秋第十四·齐桓公霸业·总记管仲事》,第1024页。

② (明)刘绩补注:《管子补注》卷7《大匡》,第136页。

经济利益吸引外商，如免税轻税、为外商提供食宿条件等。在发展工商业的所有制性质方面，管仲着重发展由国家直接经营或控制的工商业。例如"官山海"措施，就是将几种最有利可图的商品经营（主要是盐铁）从私人手里夺过来，由政府进行垄断经营。这实际上是将私营商业和商品生产改为官营，使私营工商业者失去牟利机会，打击私营工商业者。在传统农业社会中，统治者往往采取重农抑商的政策，管仲则认识到了工商业对于国家经济的重要性，重视发展工商业，在国家治理上采用"商业治国"的政策，这是一个十分了不起的创见。

四、国家垄断，市场调节

管子重视农业，治国主抓粮食生产，但却并没有因为粮食重要就单一抓粮食生产而忽视了其他经济建设。因为在管子看来，要想富民强国，光靠单一的粮食生产还不够，还要因地制宜地发展多种经营。管子主张不仅仅只是抓农业生产，而是在抓农业生产的同时，也发展齐国极具优势的商工之业，使齐国的经济呈现出农、工、商全面发展、共同繁荣的局面。发展工、商业就要发展市场经济。就市场而言，其自身的基本功能是促进商品的交换和流通。它所产生的基本辐射作用，一方面是可以促进社会生产的发展，另一方面是可以调剂人们生产生活的需求。

在《管子》一书中,记载了管子治理齐国时的国家垄断理论与实践。主要表现在:(1)垄断货币的铸造与发行;(2)由国家掌握充足的谷物;(3)控制盐铁;(4)垄断山林及特产;(5)操纵市场,从中取利。

纵观《管子》一书,其对市场作用的认识大致可以归结为以下三点。

首先,市场是社会生产发展的促进力量。《管子·乘马》说:

> 聚者有市,无市则民乏矣。①

国家一定要有市场,否则百姓们将无从交换或购买物品,没有市场(集市),民众的生产生活用品就得不到必要的余缺调剂。《管子·乘马》还说:"市者,货之准也。是故百货贱则百利不得,百利不得则百事治,百事治则百用节矣。"②市场是货物交换平准价格的地方,是物资财货状况的标志,如果市场各种货物的价格低廉,那么商业就不会获取厚利,其他的产业就能有效地开发,各种社会需求也就可以灵活地调节了。当然,《管子》在这里的具体思路是控制市场物价,

---

① (明)刘绩补注:《管子补注》卷1《乘马》,第28页。
② (明)刘绩补注:《管子补注》卷1《乘马》,第27页。

防止"野与市争民"①，在保证充足的物资资料生产的前提下发展市场。这种思想，显然是传统的重农轻商论的滥觞。在《管子·侈靡》中，我们可以看到对这一问题的精妙论述：

> 国贫而鄙富，苴美于朝市国；国富而鄙贫，莫尽如市。市也者，劝也。劝者，所以起。本善，而末事起，不侈，本事不得立。②

使城市贫穷而郊野富裕，没有比朝廷更美满的了；使城市富庶而郊野贫寒，没有比市场更完善的了。市场贸易是一种鼓励政策，鼓励的目的是为了激发人们参与贸易。要使农业完善而工商业也得到发展，不扩大侈靡消费，农业生产就得不到保障。管子在这里将发展市场看作一种促进社会进步的鼓舞性措施。在管子看来，城市贫穷，农村富裕，基本的征象是农业发展而工商业落后；城市富裕而农村贫穷，基本的征象是工商业发展而农业落后。在以农业积累为动力推动社会发展的时期，农业发展了，国家粮食充裕，自然会出现国泰民安的升平景象。反之，工商业发展过猛，"野与市争民"，人们在既得利益的诱导下，必然会大量地弃农而营工商。国家势必会出现不安定因素。因此，管子主张通过市场刺激消费，在社会消费水平不断提高的基础上调节社会生产

与需求的关系，这是一条适宜的全面发展经济之路，如果离开这一点，农业的发展也将会迈入举步维艰的境况。

其次，市场是调剂社会需求的工具。《管子》把士、农、工、商四业看作国家的基本产业，将从业人员视为国家的基本人口。为此，《管子·小匡》说："士、农、工、商四民者，国之石民也。"[①] 为加强对城市的管理，管子"制国为二十一乡，商工之乡六，士农之乡十五"[②]，工商业之乡占了几近三分之一，这在当时的各诸侯国来说是一个相当大的数目。就工商从业者与农业生产者而言，他们之间存在着收益上的巨大差别，但这种实际上的收益差别国家是无法完全解决的，只能采取适度限制工商业发展的政策，在可调控的范围内使各行业的从业人员利用市场进行生产和生活资料的有效调剂，"使农、士、商、工四民交能易作，终岁之利无道相过也"[③]。管子试图通过这种调剂，以有效地防止不同从业人员因行业的不同而造成的个人收益的过分悬殊。

再次，市场是国家重要的财源之一。市场是商人的海洋，而《管子·侈靡》对商人有这样的认识：

> 商人于国，非用人也。不择乡而处，不择君而使，出则

---

①　（明）刘绩补注：《管子补注》卷8《小匡》，第149页。

②　（清）王先谦撰：《尚书孔传参正》卷十一《商书》，何晋点校，中华书局2011年版，第467页。

③　（明）刘绩补注：《管子补注》卷15《治国》，第330页。

从利，入则不守。国之山林也，则而利之。市廛之所及，二依其本。[1]

商人专意于市，唯利是图，常随利往来，故不择乡，也不择君，所以不会为君守城御敌。商人的本业就是买进卖出，买进的目的是为了卖出，卖出的目的是为了赢利。哪里有利可图，他们就会到哪里去。在哪里经商，就得向哪里缴税。所以，商人虽然不是社会财富的生产者，但他们却可以为国家带来财富，虽然他们不去挑选居处和君主，看到的只有一个"利"字，但是如果培育好市场，让更多的商人来做买卖，国家就会通过市场获得更大的财政收入。对此，《管子·揆度》篇说：

> 动左右以重相因，二十国之策也。盐铁二十国之策也。锡金二十国之策也。[2]

国家利用市场，控制物价的涨落，就可以从经营盐铁锡金中获得 20 个财政年度的收入。

管子主张，国家操纵市场，把政治权力、货币、谷物等方面的垄断与市场结合起来，制造物价起伏，从中取利。通观之，办法有五：（1）通过垄断价格以取利；（2）用行政手

---

① （明）刘绩补注：《管子补注》卷 12《侈靡》，第 267—268 页。
② （明）刘绩补注：《管子补注》卷 22《揆度》，第 462 页。

段制造物价起伏，从中获利；（3）强令货币谷物相互折代，从中取利；（4）利用市场规律取利；（5）放贷以取利。① 可见，管子对于市场的认识是非常深刻的，他看到了市场在社会发展中所应处的地位以及应当发挥的作用。为发展齐国的经济，调剂齐国紧缺的物资，管子确曾采取过激励商业发展的措施，正如《管子·轻重乙》中所说：

> 为诸侯之商贾立客舍，一乘者有食，三乘者有刍菽，五乘者有伍养。②

管子不仅为来齐国进行商品交流的外地客人准备旅舍，而且规定了带一车货来的商人可以得到齐国提供的饮食，带三车货来的商人可以得到齐国提供的牲口草料，带五车货来的商人则可以得到齐国提供的仆役侍候。

《管子》书中关于市场的管理调控理论，可以用"疏而不漏"来形容。"疏"，是说管子创造了一种宽松的市场氛围；说"不漏"，是指对市场的管理方法井井有条。相对于一般的市场而言，突出表现在以下三个方面。

其一是建立严格的管理制度。《管子·乘马》说：

---

① 参见刘泽华、葛荃主编：《中国古代政治思想史》，南开大学出版社2001年版，第161—162页。

② （明）刘绩补注：《管子补注》卷24《轻重乙》，第482页。

其商苟在市者三十人，其正月、十二月，黄金一镒，命之
曰正分。春日书比，立夏日月程，秋日大稽；与民数得亡。①

有三十家商贩的市场，一年征收黄金一镒的税。春天国
家公布税率，夏天按月核实，秋天统计征收情况，还要统计
市场上商人的增减情况。

其二是禁止市场上的乱收费和重复收税。《管子》一书
中有"征于关者，勿征于市；征于市者，勿征于关。虚车勿
索，徒负勿入"②，"市书而不赋"③等记载。关、市既不重
复课征，同时，市场上存放货物也不收费，注册登记也不收
费，空车免检，小商贩免征。

其三是建立商人的考核推荐制度。据《管子·大匡》记载，
齐桓公令"识工贾之有善者"，其标准是"应于父兄，事长养老，
承事敬"，经过考察之后，分三等向上推荐，"行此三者为上举，
得二者为次，得一者为下"④，不好的则照章处罚。

出入不应父兄，承事不敬而违老治危，行此三者，有罪
无赦。凡于父兄无过，州里称之，吏进之，君用之。有善无
赏，有过无罚，吏不进，废弃。于父兄无过，于州里莫称，

---

① （明）刘绩补注：《管子补注》卷11《乘马》，第28页。
② （明）刘绩补注：《管子补注》卷9《问》，第185页。
③ （明）刘绩补注：《管子补注》卷9《霸形》，第167页。
④ （明）刘绩补注：《管子补注》卷7《大匡》，第138页。

吏进之，君用之，善为上赏，不善吏有罚。①

这里不仅涉及对商人的考核问题，而且也涉及考核管理商人的基层官吏，在考察中玩忽职守的官员将受到相应的惩罚。

在《管子》一书中，我们见到的最多的还是关于市场的宏观调控政策与策略，亦即学术界长期争论的"轻重之术"。这里需要说明的是，这个市场调控理论是建立在高度的中央集权制下的产物，它先是齐桓公霸诸侯、匡天下的工具，其次才是齐国强化经济发展的措施。这一理论的基本特征是国家垄断。如果认识不到这一点，就难以全面理解这一理论。为了叙述上的方便，我们还是就专业市场的情况来进行分析。

首先是关于粮食市场。运用货币手段操纵粮食市场，这是《管子》调控粮食市场的基本指导思想，具体来说有以下几条措施。

一是通过粮食的收购和售放来控制粮食的市场流通量。粮食收成之时，农民手中有大量的粮食急于售出，因为卖粮食的多、买粮食的少，这时的粮价会比平时偏低。国家要在此时大量收购粮食，控制市场价格，防止巨商大贾压价乘机囤积居奇。到了青黄不接之时，正值粮食缺乏，国家就可以将屯粮高价出售，这样既可以救济，又可以赚钱。一收一放，既可以控制市场，又可以获得高额利润。

---

① （明）刘绩补注：《管子补注》卷7《大匡》，第139页。

二是运用贮存手段平抑粮食价格。《管子·乘马数》记载有这样一项"平国策"：

> 人君之守高下，岁藏三分，十年则必有五年之余。若岁凶旱水泆，民失本，则修宫室台榭，以前无狗后无彘者为庸，故修宫室台榭，非丽其乐也，以平国策也。[①]

常年国家每年要贮存三分之一的粮食，十年就可以存留三年的余粮。这样，一旦遇有凶旱水灾之年，国家就可以进行宫室建设，用贮存的余粮以工代赈，既可以防止市场粮价暴涨，又可以用来安定社会。实际上，这是一项保持国家长治久安的重要措施。

三是建立粮食贮备金制度。国家的土地多少及土地的肥瘠情况是有定数的，故全年的粮食消费和剩余也是一定的，即"国之广狭，壤之肥墽有数，岁终食余有数"。因而，丰年的时候粮食就有余，遇到了灾年粮食就会不足。为了保证灾年也有充足的粮食，管子提出了建立粮食贮备金制度的对策：

> 某县之壤广若干，某县之壤狭若干，则必积委币。于是县州里受公钱。泰秋，国谷去叁之一，君下令谓郡县属大夫，里邑皆籍粟入若干。谷重一也，以藏于上者，国谷叁分则二分在上矣。[②]

---

① （明）刘绩补注：《管子补注》卷21《乘马数》，第428页。
② （明）刘绩补注：《管子补注》卷22《山至数》，第450页。

"积委币"，即货币贮备。以县为单位，不论土地多少，都必须贮备一定数量的资金。平时可以用这部分钱向农民发放贷款，等到大秋来临，粮价大跌之时，运用收回贷款的方式让农民以粮还款，用这种方式贮存起来的这部分粮食由国家统一管理使用。

其次是关于货币市场。《管子》书中涉及的货币有三种，即上币珠玉、中币黄金、下币刀布。运用这三种货币的策略是"高下其中币而制下上之用"[①]，即通过调节黄金的价格，以控制珠玉和刀布的作用；对于货币市场的调控管理，管子突出强调的是国家垄断，既垄断货币的铸造权，也垄断货币发行权。"君铸钱立币，民通移"[②]，"君有山，山有金，以立币"[③]，货币铸造权的垄断，为货币的垄断发行奠定了基础。在货币的发行方面，由于坚持国家垄断的发行方针，因而在以下几方面进行了客观的把握：一是货币的发行数量与社会的基本需求数量大致相当。

《管子·国蓄》说：

人君铸钱立币，民庶之通施也，人有若干百千之数矣。[④]

---

① （明）刘绩补注：《管子补注》卷23《地数》，第457页。
② （明）刘绩补注：《管子补注》卷23《轻重甲》，第473页。
③ （明）刘绩补注：《管子补注》卷22《山至数》，第449页。
④ （明）刘绩补注：《管子补注》卷22《国蓄》，第436页。

　　国家发行的货币总量，大致上应当是总人数与每人需要货币数的乘积，亦即社会的需要量。每人需要的货币数，实际上应当就是人均的消费水平。显然，这里指的货币的发行总数，是外在流通领域的货币总数，不包括担负贮存职能的货币总数。这个数字将随社会消费水平的提高而增大。对这一货币总数的确定办法，《管子·山国轨》解释道：通过调查，摸清"田若干，人若干，人众田不度食若干"，"田若干，余食若干"，然后"调立环乘之币"①。这个"环乘之币"，就是通过调查测算后应当发行的流通货币。二是货币发行的总价值量与社会物资财富的总价值量相当。《管子·乘马数》说："财物之贵，与币高下。"②贵，指的是商品的价格。商品的价格与其本身的价值，以及国家发行的货币总数是密切相关的。货币发行的总数如果超过社会物资财富的总数，就会出现通货膨胀，商品的价格就会高于商品本身的价值。

　　只有货币发行的总数与社会物资财富的总价值量大致相当时，商品的价值才会在其本身的价值上波动。管子所处的时代，由于受生产力水平的制约，社会物资财富的总量是难以进行测算的，因而，他提出了以土地作为参数进行测算的办法。据《管子·山至数》记载，管子以三夫为一家的生产单位，占六里见方的土地，再以此为参照，好地、贫瘠地各

---

① （明）刘绩补注：《管子补注》卷22《山国轨》，第441页。
② （明）刘绩补注：《管子补注》卷21《乘马数》，第429页。

有多少，产量多少，市场粮价是多少，然后算出六里见方的土地需货币多少。这样，全国有多少土地，就可发行多少货币，即"布币于国，币为一国陆地之数"。①

再次是关于自然资源。《管子》书中涉及的自然资源主要有四大项，一是能够生产食盐的近海；二是能够生产金属的矿山；三是林木；四是生产粮食的土地。管子之所以把这些资源列入治国大计当中考虑，首要的是他看到了这些资源能够生产出值得特别注意的产品。这些产品（除林木外），在《管子》书中都是大量进入市场流通的，并且通过市场流通可以获得高额利润。如《管子·地数》记载说：

> 君伐菹薪煮沸水为盐，正而积之三万钟，至阳春请籍于时。②

用海水煮盐，然后征收起来，等到第二年阳春时节，就可以获取利润了。因为阳春季节，正是农活繁忙的季节，熬盐的少了，盐价就会上涨。虽然在《管子》书中见不到这些自然资源进入市场进行交易的详细记载，但却明明白白地记有国家对这些资源进行垄断管理的记载。比如《管子·海王》篇中提出的"官山海"，就是由国家垄断盐、铁的生产和经

---

① （明）刘绩补注：《管子补注》卷22《山至数》，第453页。
② （明）刘绩补注：《管子补注》卷23《地数》，第458页。

营，而《管子·地数》中则说得更是具体：

> 阳春农事方作，令民毋得筑垣墙，毋得缮冢墓；丈夫
> 毋得治宫室，毋得立台榭。北海之众毋得聚庸而煮盐。然盐
> 之贾必四什倍。[①]

再如《管子·小匡》中的"正其封疆"等，都表现出了
管子对于自然资源实行国家垄断的认真态度。至于"山林梁
泽，以时禁发"之类，则更不鲜见。对于垄断自然资源的办
法，通过《管子·地数》中记述的一段关于保护矿山资源的
法令，我们就可以窥斑见豹：

> 苟山之见荣者，谨封而为禁。有动封山者，罪死而不
> 赦。有犯令者，左足入，左足断，右足入，右足断。[②]

山上发现矿产资源要进行封闭，破坏封山的人死罪无赦。
违反禁令的人，左脚进山，砍断左脚；右脚入山，砍断右脚。
对于其资源产品的市场调控管理情况，《管子》中讲到了三
点：一是铁、盐销售上的"寓税于价"，取消明征税收，提高
产品价格；二是运用本国产品优势，用来"籍于天下"；三是
对于国家极其重要的物资，国家始终坚持强有力的干预。

---

①　（明）刘绩补注：《管子补注》卷23《地数》，第458页。

②　（明）刘绩补注：《管子补注》卷23《地数》，第457页。

开放国内市场是管子治国思想的最大特色，同时也是齐国促进自身发展的一项极为重要的有效措施。从《管子》一书中，我们可以看到的齐国开放性政策主要具有以下几个方面的特点：

第一，以"来天下之财"为基本目的，实现"天下之宝壹为我用"①的自身建设需要。《管子·轻重甲》说：

为国不能来天下之财，致天下之民，则国不可成。②

齐国占据着良好的从事商工之业的自然地理环境，地处交通要道，四通八达，是游客和商人的必经之地，运用好了这种方便的自然条件就可以"来天下之财"。齐国尽管地处近海，土地贫瘠，粮食生产难以自足，但受诸侯竞强形势的刺激，管子认为只有借助齐国地处交通要道，四通八达，是游客商人必经之道的有利条件，才能实现自身的迅猛发展，也就是《管子·地数》所说：

夫齐衢处之本，通达所出也，游子胜商之所道。③

正因为如此，管子认为齐国要实现快速发展，就必须要

---

① （明）刘绩补注：《管子补注》卷23《地数》，第459页。
② （明）刘绩补注：《管子补注》卷23《轻重甲》，第466页。
③ （明）刘绩补注：《管子补注》卷23《地数》，第459页。

大开国门，争取"天下之宝壹为我用"。在各国间的经济交往中，齐国一方面调剂其余缺，另一方面则运用轻重之术谋取财利。如，齐国盛产食盐，便组织大量的食盐出口，输往梁、赵、宋、卫、濮阳等地，以获取齐国需要的大量黄金。

第二，以优惠的条件，广泛招揽天下客商。管子的商业开放政策，一谓输出，二谓招进。在这两点上，管子提出了许多高明的优惠条件。齐国盛产盐、铁，管子便在盐、铁业的出口方面提出了"关市几而不征"的政策。《管子·小匡》说：

> 通齐国之鱼盐东莱，使关市几而不征，堰而不税，以为诸侯之利，诸侯称宽焉。[1]

齐国重视商业的发展，除榷关和市场稽查不征税，存放货物不加杂捐外，还提供优惠的条件招引各国客商来齐国做生意。《管子·轻重乙》说：齐国"为诸侯之商贾立客舍，一乘者食，三乘者有刍菽，五乘者有伍养"[2]。用现在的话说，就是齐国为了招商引资，为天下商人建立了免费招待所，而且给予优质服务。管子认为，外国人来到齐国，吃齐国的粮食，用齐国的钱币，那么齐国缺乏的货物、好马和黄金自然就会流入齐国。

第三，积极参与国际交往，以适应齐国对外开放的需要。

---

① （明）刘绩补注：《管子补注》卷8《小匡》，第162页。
② （明）刘绩补注：《管子补注》卷24《轻重乙》，第482页。

《管子·中匡》说：

> 管仲会国用，三分之二在宾客，其一在国。①

国用即国家的财政收入。宾客指的就是外事活动。齐国的财政收入居然有三分之二用于外事活动，可见其对外开放活动规模之大。《管子·小匡》等文中也多处记载齐国向外国派遣使者的情况。而《管子·大匡》中还记载，齐国对来齐的外国使节也热情接待：

> 从诸侯欲通，吏从行者，令一人为负以车，若宿者，令人养其马，食以委。客与有司别契，至国入契费。义数而不当，有罪。②

齐国积极参与国际交往的态度，是管子对外开放的最好说明。

第四，因天下以制天下而达到"来天下之财"的目的。在管子看来，齐国开放的目的基本上就是两点：一是为了霸诸侯，匡天下；二是为了"来天下之财"。而"来天下之财"的基本方法是"因天下以制天下"。自己有优势的，就要充分发挥出来；自己没有优势的，就要想办法把别国的优势借过

---

① （明）刘绩补注：《管子补注》卷8《中匡》，第141页。
② （明）刘绩补注：《管子补注》卷8《大匡》，第137页。

来变为自己的优势。

这也就是《管子·轻重丁》中所说的策略：

> 可因者因之，乘者乘之，此因天下以制天下。[①]

齐国有盐、铁优势，可以"官山海"而制天下。鲁、梁
是织绨大国，齐国就变穿绨服为穿帛服，从而在纺织业一举
制服了鲁、梁。[②]

---

① （明）刘绩补注：《管子补注》卷 24《轻重丁》，第 487 页。

② 参见邵先锋著：《〈管子〉与〈晏子春秋〉治国思想比较研究》，齐鲁书社
2008 年版，第 62—72 页。

第五章　强兵有方　治军有术

　　兵，历来与战争有关，与国家和人们的生活安定有关。可以说，在人类发展的历史长河中，战争始终伴随着人类的社会发展。从某种意义上讲，正是战争促进了人类社会的发展，促进了科学技术的进步。正因为战争始终与人们的生活、生存和生命密切相关，与兵事紧密相连，所以，兵在中国古代就被兵家称之为国之大事。《六韬·龙韬》篇说："兵者，国之大事，存亡之道，命在于将。"《孙子兵法·始计篇》也说："兵者，国之大事，死生之地，存亡之道，不可不察也。"国家要安定，要富强，就必须有一支强大的军队，管子治国也不能例外。春秋战国是一个征战角逐的时代，战争频繁，常见伏尸遍野，流血漂杵。春秋五霸迭相兼并，战争连绵不断。据《春秋》记载，春秋242年中，大小战争就发生了370多次。战争成为这一时代社会生活最主要的特征。管子生活于这一动荡的时代，他之所以能够辅助齐桓公成为春秋五霸之首，在军事上具有非凡的才能与建树是一个重要的原因。正是因为管仲对外采取"慎战"以取得人心，对内发展经济，建设一支强大的军队来威慑敌人，所以管仲带领齐国很快地走出了一条由富国、富民、强兵至称霸诸侯的强国之路，使齐国在春秋初期的历史舞台上出足了风头，"九合诸侯，一匡天下"，终成五霸之首。《管子》虽非兵学著作，但其军事思想内容丰富，是先秦除兵学著作之外论述兵学内容最为丰富之一部，且成就很高。梁启超在《管子评传·管子之军政》中高度评价说："然管子之论兵术与治军政，皆有非后人所能及者。"《管子》中的《兵法》《七法》《幼官》《参患》《地图》《势》《九变》《制分》等军事篇章，可能不是管仲本人的著作，而是春秋战国时期管子学派对于管仲军事思想的继承与发挥。然而，尽管不能说它们是管仲的作品，但说它们是《管子》的军事思想，大概是不成问题的。

中国古代军事思想内容极为丰富，涉及战争观、治军思想和战略、战术原则等一系列军事问题。春秋，是军事思想日臻成熟，并有重要著作系统阐述的理论认识阶段。虽然众多政治家、军事家从不同的利益出发进行探索与表述，但异曲同工、殊途同归。管子身处乱世，面对王室衰微，诸侯各国纷争四起，攻城掠地的时局，为了辅佐齐桓公雄踞一方，实现霸业，认识战争，研究军事取胜之道，也成为管仲治理国家思想的重要一部分。

一、兵者尊主安国之经也

管子始终将军事放到"辅王成霸"的总体战略中去探讨，把军事与政治、经济、外交作为一个统一的整体来对待，所以更具有综合性、哲理性、战略性和实用性等特点。

军事是政治的继续，是政治的一部分，军事胜利只是表面现象，实现统治者的政治目的——治天下才是关键。《管子》中的《制分》《重令》两篇明示君王，如果只追求政治目的，混淆战争的正义性，即使国再富，兵再强，治理天下也只是南柯一梦。就兵胜、国富来说，其根本在于政治。

管子深谙军事在治国理政中的地位与作用。《管子·七法》说：

> 言是而不能立，言非而不能废，有功而不能赏，有罪而不能诛，若是而能治民者，未之有也。是必立，非必废，有功必赏，有罪必诛，若是安治矣？未也。是何也？曰形势器械未具，犹之不治也。形势器械具，四者备，治矣。不能治其民，而能强其兵者，未之有也。能治其民矣，而不明于为兵之数，犹之不可。不能强其兵，而能必胜敌国者，未之有也。能强其兵，而不明于胜敌国之理，犹之不胜地。兵不必胜敌国，而能正天下者，未之有也。兵必胜敌国也，而不明正天下之分，犹之不可。故曰：治民有器，为兵有数，胜敌国有理，正天下有分。①

---

① （明）刘绩补注：《管子补注》卷2《七法》，第32—33页。

　　在管子看来，治民要有军备，用兵要有策略，战胜敌国要有道理，匡正天下要有纲领。四者之间有必然联系：治民缺乏军备的威慑，也只能流于纸上谈兵，隔靴搔痒；有军队，不知道统分、用兵的策略、方法，是属于盲动作战而自败，必给国家造成深重的灾难，蒙受巨大耻辱；征服敌国就武力而言较为容易，要获得社会舆论支持就十分艰难。因此必须察明和认定自己发动的战争是正义而有理的；战胜它国，表面上完成了对其领土的占据和统治，但不一定使其国民心悦诚服。所以应制定符合形势、顺应民心的治理纲领，使他们认识到现政权更能够让他们安居乐业。

　　管子对军事与战争有着极为清醒的认识。他一方面强调战争的重要地位与作用，认为"君之所以卑尊，国之所以安危者，莫要于兵"，军队是"尊主安国之经也，不可废也"①，因此，必须"强其兵"②；另一方面又认识到战争的危害性，"夫兵事者，危物也"③，强调君主一定要慎重用兵，这就形成了《管子》军事观、战争观的基本思想。

　　《管子》军事观、战争观主要表现在：

　　第一，治国理政首先必须要有强大的军事力量作为后盾。《管子·七法》认为，治理好一个国家不仅要做到正确

－－－－－－－－

　　① （明）刘绩补注：《管子补注》卷10《参患》，第198页。
　　② （明）刘绩补注：《管子补注》卷2《七法》，第32页。
　　③ （明）刘绩补注：《管子补注》卷9《问》，第184页。

的主张能坚决地贯彻执行，错误的主张坚决地废止，有功必赏，有罪必诛，而且还要具有强大的军事力量和精良的军事装备。治国安邦的前提首要是治理好本国的民众，但仅能治理好本国的民众而不懂用兵的策略，仍然不行。不能强化其军队而能战胜敌国是从来没有的。如果仅能强化其军队而不明制胜敌国之道仍然不能取胜。军队没有必胜敌国的把握而能征服天下的事情是从来没有的。所以治国必须首先要有强大的军事力量作为保证。

第二，军队是"外以诛暴，内以禁邪"的工具。《管子·参患》说："兵者，外以诛暴，内以禁邪。""外不以兵而欲诛暴，则地必亏矣；内不以刑而欲禁邪，则国必乱矣。"军队是决定君主尊卑、国家安危的重要工具。军队具有两个方面的重要职能：对外，它维护与捍卫国家的安全；对内可以镇压奸邪的叛乱，维护国家政权与民众的利益。春秋时代，各诸侯之间战争连绵不断，弱肉强食，谁有一支强大的军队，谁就能动辄威服他人，要地得地，要金得金。讨伐那些凶猛暴虐、不讲信义的诸侯国，自然离不开强大的军队。一个没有军队的国家，在春秋时代是无法生存的。即使在现代，一个没有强大的现代化军队的国家也是步履维艰、处处挨打。因此说，"兵者，尊主安国之经也"[1] 这句话所说的道理，大概

---

① （明）刘绩补注：《管子补注》卷10《参患》，第198页。

是不错的。治国安邦，没有一支强大的军队是不可想象的。

　　第三，军事战争具有两面性，要慎重地对待。管子强调"慎战"。在《管子》看来，战争尽管是成就王霸之业的重要手段，但是，"兵事者，危物也"，不可轻易用兵。因为战争具有"贫民伤财""危国忧主"的"四患"。《管子·法法》说："贫民伤财莫大于兵，危国忧主莫速于兵，此四患者明矣。"[①] 要进行一次战争，事先必须深入考虑，慎重权衡。首先要将各方面的数量关系计算好，没有事先对各种数量关系的计算，这样的战争是注定要失败的。要进行一次战争，势必要消耗大量的财力与物力："一期之师，十年之蓄积殚；一战之费，累代之功尽。"[②] 这就是说，一年的军费要耗尽十年的积蓄；一次战争的费用要用尽几代人的积累。抽调十分之一的人去服兵役，实际上就要有十分之三的人不从事农业生产，这样，庄稼的收成就要减少三分之一。庄稼失去三分之一，又没有往年的存粮的话，道路上就会出现无人收埋的尸体。抽调十分之一去服兵役，连续三年如此的话，那么百姓中就有卖儿卖女的了。不仅如此，"数战则士疲，数胜则君骄；骄君使疲民则国危"[③]。同时《管子·重令》也认识到："地大

---

① （明）刘绩补注：《管子补注》卷6《法法》，第113页。
② （明）刘绩补注：《管子补注》卷10《参患》，第198页。
③ （明）刘绩补注：《管子补注》卷3《幼官》，第54页。

国富，人众兵强，此伯王之本也，然而与危亡为邻矣。"① 这种辩证认识是十分深刻而独到的。因此，《管子》强调"不勤于兵"，"不厚于兵"，认为"勤于兵必病于民"，"与其厚于兵，不如厚于人"②。由此可见，《管子》在对待战争的基本观点上，是既重视战争，又不主张轻易用兵；既重视战争在图王定霸中的积极作用，又充分认识到了战争"贫民伤财"的消极后果。这显然是治理国家者的一种成熟的思想。

第四，富国强兵是一个统一的、不可或缺的关系，强军必须国富，国富才能兵强，兵强者才能战胜一切内忧外患。春秋时代，国家要强盛，要在诸侯国中处于突出的地位，就必须建设强大的军队，加强军事力量，强兵甚至成为决定国家生死存亡的先决条件。《管子·重令》认为："凡国之重也，必待兵之胜也，而国乃重。凡兵之胜也，必待民之用也，而兵乃胜。凡民之用也，必待令之行也，而民乃用。凡令之行也，必待近者之胜也，而令乃行。"③ 国家是不可能凭空强大的，军队是不能凭空取得胜利的。国家要强大，必须依靠强大的军队取胜。同样，军队也并非想取胜就能取胜，要在战争中取胜，军队自身必须具有强大的实力，"不能强其兵，而能

---

① （明）刘绩补注：《管子补注》卷 5《重令》，第 101 页。
② （明）刘绩补注：《管子补注》卷 7《大匡》，第 132 页。
③ （明）刘绩补注：《管子补注》卷 5《重令》，第 100 页。

必胜敌国者，未之有也"①。那么，如何"强其兵"呢?《管子》认为，要实现强兵的目标，首先在于富国。《管子·治国》说："国富者兵强，兵强者战胜。"②《管子·七法》认为，国家贫弱，财用不足，军队就衰弱，战士就不会勇猛杀敌；军队衰弱，战士不勇猛，攻战就不可能取胜，守卫就不会牢固；攻战不胜，守卫不固，国家就不能安定。可见，"国富"是"兵强"的基础和先决条件，而"兵强"则是国强与国家安全的根本保证。之所以强调富国是强兵的基础，就在于《管子》意识到战争对于物质财富的巨大消耗这一事实。故《管子·参患》说，用兵的费用筹划，三次戒备等于一次出征，三次出征等于一次围敌，三次围敌等于一次交战。一年的军费，要耗尽十年的积蓄，一战的费用，要用光几代的积累。因此，要保证军队在每战中取胜，必须在物质财富上胜过敌人。《管子·七法》指出，治军的方法在于积聚财富，使财富的数量无敌于天下。所以，要统一天下，财富数量不能领先天下是不行的。而达到"财无敌"和"盖天下"的途径，必然要使国家首先富起来，因此《管子·形势解》说："国贫兵弱，战则不胜，守则不固，虽出名器重宝以事邻敌，不免于死亡之患。"③

---

① （明）刘绩补注：《管子补注》卷 2《七法》，第 32 页。
② （明）刘绩补注：《管子补注》卷 15《治国》，第 329 页。
③ （明）刘绩补注：《管子补注》卷 20《形势解》，第 398 页。

　　在富国与强兵的关系中,《管子》特别重视粮食生产在战争中的重要作用。

　　《管子》认为,粮食对于军队、对于一个国家来说是至关重要的。民以食为天,没有粮食,国将不国,军将不军。《管子》特别强调重粟,强调以粟制敌守国。《管子·轻重戊》集中说明了如何以粟制敌的谋略。文中主张用巧妙的手段,扰乱敌国的农业生产,使之粮食缺乏,这样敌国就不得不依赖我方的粮食,从而达到克敌制胜的目的。例如,齐国欲征服鲁、梁,便利用鲁、梁为绨的民俗,使齐国百姓皆服绨,并大量收购鲁、梁的绨。这样,"鲁、梁之君闻之,则教其民为绨",鲁、梁之民便自动地放弃了粮食生产,转而大量地生产绨。然而,十三个月以后,齐国上下又开始服帛,并且"闭关,毋与鲁、梁通使"①。这样,鲁、梁的百姓由于放弃了粮食生产,相继闹起了饥荒,正常的赋税也无力交给国家。鲁、梁之君只好下令让百姓放弃绨的生产去务农,但粮食不可能三个月就收获,鲁、梁的百姓只能用千钱的高价买入粮食,而齐国的粮价才十钱。这样,二十四个月后,鲁、梁的百姓归顺齐国的多达十分之六,三年之后,鲁、梁的君主也只好请求归服齐国。这就是通过经济的手段达到战争的目的。这正如《管子·权修》所说:"地之守在城,城之守在兵,兵之守在人,人之守

---

　　①　(明)刘绩补注:《管子补注》卷24《轻重戊》,第492、493页。

在粟。"① 粮食在政治和国防中的重要作用是不言而喻的。因此《管子·治国》又说："众民、强兵、广地、富国之必生于粟也。"②"有蓄积则久而不匮③"，就是说，如果国家有充足的粮食储备，军队即使进行持久战也不会缺乏物资供应。相反，如果无粮食蓄积，则会"兵弱而士不厉"。由此可见，富国是强兵的基础，国不富则兵不强，兵不强则国不威。

二、寓军于政，平战结合

管子辅佐齐桓公治国，提出了寓兵于政的策略，并果断而迅速地在齐国全面实施。据《管子·小匡》记载，当齐桓公征询管子兴国之策时，管子告诉齐桓公说：

> 作内政而寓军令焉。为高子之里，为国子之里，为公里，三分齐国，以为三军。择其贤民，使为里君。乡有行伍、卒长，则其制令，且以田猎，因以赏罚，则百姓通于军事矣。④

---

① （明）刘绩补注：《管子补注》卷1《权修》，第16页。
② （明）刘绩补注：《管子补注》卷15《治国》，第329页。
③ （明）刘绩补注：《管子补注》卷2《七法》，第39页。
④ （明）刘绩补注：《管子补注》卷8《小匡》，第153页。

管仲主张将齐国的军事力量一分为三，编为三军，公室、高子和国子各掌一。乡有行伍，由卒长指挥以田猎的方式进行演习，以表现好坏进行奖惩，这样百姓就可以懂得军事了。在具体的操作上，《管子·小匡》又指出：

> 五家以为轨，轨为之长；十轨为里，里有司；四里为连，连为之长；十连为乡，乡有良人，以为军令。是故五家为轨，五人为伍，轨长率之。十轨为里，故五十人为小戎，里有司率之。四里为连，故二百人为卒，连长率之。十连为乡，故二千人为旅，乡良人率之。五乡一师，故万人一军，五乡之师率之。三军故有中军之鼓，有高子之鼓，有国子之鼓。春以田，曰蒐，振旅。秋以田，曰狝，治兵。是故卒伍政，定于里，军旅政，定于郊。内教既成，令不得迁徙。故卒伍之人，人与人相保，家与家相爱，少相居，长相游，祭祀相福，死丧相恤，祸福相忧，居处相乐，行作相和，哭泣相哀。是故夜战其声相闻，足以无乱；昼战共目相见，足以相识；欢欣足以相死。是故以守则固，以战则胜。君有此教士三万人，以横行于天下，诛无道，以定周室，天下大国之君莫之能圉也。①

为了更好地贯彻寓军于政、军民一体的政治主张，管子还提出将齐国民四民分业，各有各的居住地，不得杂处，不

---

① （明）刘绩补注：《管子补注》卷 8《小匡》，第 153—154 页。

得随意迁移。管子规定以五家作为一轨，轨设有轨长。十轨为一里，里设有里司。四里为一连，连设有连长。十连为一乡，乡设有良人。以此来施行军令。因此五家为一轨，五人为一伍，由轨长率领。十轨为一里，就有五十人为一小戎，由里司率领。四里为一连，就有二百人为一卒，由连长率领。十连为一乡，就有二千人为一旅，由乡良人率领。五乡为一帅，就有万人为一军，由五乡之帅率领。三军中就有国君的中军之鼓，有高子之鼓，有国子之鼓。在春天田猎，叫作蒐，训练回兵。在秋天田猪，叫作狝，训练出兵。因此卒伍之政，在里内编定；军旅之政，在郊外编定。国内的教令已完成，军令就不得变动。卒伍中的人，人与人相互保全，家与家相互亲爱，年少时就居住在一起，成年了一同交游，祭祀后共享祭肉，有死丧同抚恤，有祸灾共担忧，生活中相互作乐，行动时相互应和，悲痛时相互哀怜。因此，如果发生夜战，他们能相互听到声音，就不会发生混乱；如果白天发生战斗，他们只要看一眼，就能相互识别。欢欣的友谊足以使他们相互以死保卫。因此用他们来防守城池，就能牢不可破；用他们来出击战斗，就能取得胜利。国君有这样经过教练的士卒三万人，就能用来遍行天下，讨伐无道的诸侯，安定周王朝，制服大国诸候。

管子通过寓兵于政的做法，不仅加强了齐国的军事体制，而且还加强了国家的民政管理，形成了举国上下军民统一的管理格局，保证了政令的畅行无阻，军令的有效执行，使齐国的军事势力大为增强的同时，也进一步稳定和发展了齐国的社会生产力。

为解决武器装备问题，管子主张实行"兵器赎罪法"。具体办法如下：

> 制重罪入以兵甲犀胁、二戟，轻罪入兰、盾、鞈革、二戟，小罪入以金钧，分宥薄罪入以半钧，无坐抑而讼狱者，正三禁之而不直，则入一束矢以罚之。美金以铸戈、剑、矛、戟，试诸狗马；恶金以铸斤、斧、钼、夷、锯、欘，试诸木土。[①]

在《管子·小匡》中，齐桓公问管子："军队已定，政事已成，我想要不定期地会见诸侯，能做到吗？"管子回答说："还不能做。虽然军事上我已寄寓在内政中了。但齐国还缺少盔甲兵器，我想用减轻重罚、用赎刑的办法来增加盔甲兵器。"齐桓公请教其具体办法，管子回答说："规定犯重罪的交纳兵器、盔甲、犀牛皮的胁驱和二支戟，犯轻罪的交纳兵器架、盾牌、胸皮甲和二支戟，犯小罪的交纳金属一钧半，宽免轻罪的交纳金属半钧，无冤曲而诉讼的人，经指出并三次劝禁不听而无理取闹，就要交纳一束箭来惩罚他。质好的金属用来铸冶戈、剑、矛、戟，试用于杀狍宰马；质次的金

---

① （明）刘绩补注：《管子补注》卷8《小匡》，第157页。

属用来铸冶斧子、锄头、锯子等，试用于伐木和松土。"这就是说，管子所提出的具体办法是：犯重罪者可以用兵器、犀甲和两支戟来赎罪；犯轻罪者可以以兵器架、盾牌、皮胸甲和两只戟来赎罪；小罪以一钧半铜来赎取；轻微的罪过交纳半钧铜；没有冤屈而诉讼，经官吏再三劝阻而不听者，则罚以一束箭。通过实行这一举措，齐国的犯罪人数不仅没有大增，相反齐国所需的盔甲兵器装备却变得十分充足了。

三、治军有术，用兵有道

下面再来谈谈管子的军事战略战术问题。

在先秦政治学派中，《管子》比较多地注意了对战略战术基本原则的阐发，提出了许多有价值的思想。它们主要有：

第一，管子认为，治军的办法，首在选拔士兵，使士兵的素质无敌于天下。《管子·七法》说："兵弱而士不厉，则战不胜而守不固；战不胜而守不固，则国不安矣。"[①] 战争的主体是士兵，士兵的素质与战斗力如何，是关乎战争成败的关键要素。军队衰弱，战士不勇，攻战就不能取得胜利；攻战不胜，守卫不牢固，国家就不能安定。管子十分重视选卒练士，认为选卒是军队建设的首要任务。从百姓中选拔出来

---

① （明）刘绩补注：《管子补注》卷2《七法》，第35页。

的士兵，经过严格而艰苦的军事训练，才能组成一支具有作战实力、战而能胜、守而能固的保卫社稷的军队。《管子·七法》中的"为兵之数"论述了战胜敌人的八个条件，其中有两条就是选拔优秀的战士和对军队进行严格的军事训练。《管子·幼官》中的"定选士，胜"的军事思想，充分反映了春秋时代军事选拔士兵，战争实践的需要。

第二，要想建立一支强大的军队，选卒仅仅是一个方面，要使军队具有战斗力，还必须对挑选的士卒进行严格的军事教育与各种杀敌技能的训练，以明了军中纪律与军事号令的含义，培养他们的作战能力，锻炼他们的意志，以提高战斗力。训练的内容包括"动慎十号，明审九章，饰习十器，善习五官，谨修三官"①，等等。所谓"十号"即各种号令。"九章"指各种旗帜的含义与作用。"五教"指对士卒的目、身、手、足、心进行五种训练。"三官"指鼓、金、旗三种号令工具，士卒对这三种号令工具的语言含义能准确理解，就能使将令得到准确而忠实的执行，这样才能使军队整体行为整齐，达到杀敌取胜的目的。

第三，训练士兵的办法有多种。士卒懂得军中号令语言的含义仅是训练的开始，还必须对士卒进行各种技能与杀伤力的训练。训练的方式方法灵活多样，没有一定的程式。春天训练回兵，秋天训练出兵。卒伍之政，在里内编定；军旅

---

① （明）刘绩补注：《管子补注》卷3《幼官》，第60页。

之政，在郊外编定。军队大规模的狩猎活动，是练兵布阵的方式之一，重在训练士兵们在战阵中的协同能力。此外就是对士卒个人技击作战能力的训练。只有通过严格、艰苦的各种军事技能的训练，使士卒的个人技能达到矫捷像飞鸟，迅猛如雷电，狂暴像风雨，前方无人能阻挡，后面无人能暗算，单独出击，没有人敢抵抗的地步，才算达到合格的标准。

第四，要提高军队战斗力，还必须重视武器装备的配置与开发。具备训练有素的士兵，再加上完善而精良的武器装备，这样的军队便能战无不胜，攻无不克，所向无敌了。武器装备的进步与人类文明的发展是同步的。首先，完善而精良的武器装备是战争胜利的基本保证。"备具，胜之原。"[1]在一般情况下，通过仔细考察敌对双方武器装备的优劣，便可以判断出战争的结果，即所谓"审器而识胜"[2]。因此，必须在武器装备方面胜过敌人，做到"器无敌"，这是战争取胜的保证之一。其次，精良的武器装备可以减少士兵在战争中的伤亡，从而为争取胜利提供更多的机会。《管子·兵法》篇认为，如果用缺乏战斗力的武器装备去和敌人厮杀，那就如同赤手空拳与敌搏斗，是注定要失败的。如果武器质量低劣，就不能制敌而陷于困境，如同把士兵拱手送人一样。武器作为士兵的第二生命，有器与无器、利刃与钝器的差别就

---

① （明）刘绩补注：《管子补注》卷 3《幼官》，第 60 页。

② （明）刘绩补注：《管子补注》卷 8《幼官》，第 55 页。

成了生死之路的区别。《管子·参患》说：兵器既不完备又不锋利，和徒手作战实质相同；铠甲既不坚固又不严密，和单衣无甲实质相同；弓弩射程不远，和短兵交战实质相同；箭发不能中的，和没有箭矢实质相同；射中不能穿透，和没有箭头实质相同。所以说："器滥恶不利者，以其士予人也。"①再次，为了加强器械建设，保证军队具备精良的武器装备和旺盛的战斗力，《管子》还提出了三项基本的保障措施：一是"聚天下之精财"②以制作武器装备。为此，《管子》主张通过高价收购原材料。二是"来天下之良工"③，"论百工之锐器"④。要做到这一点，就要用优厚的报酬雇用天下的能工巧匠，这样良工自然会不远千里而至，制造出精美实用的器械。三是要进行严格的武器器械试验，武器没有试验不用，试验不合格不用，要确保武器的精良与杀伤力。

第五，要取得军事胜利，统兵将帅必须要"遍知天下"与"明于机数"。

管子认为，战争胜利的前提是"明于机数"⑤。也就是说，要想取得战争的胜利，就要掌握作战的有利时机，懂得运用战略战术，创造出有利的作战态势，取得作战的主动权。

---

① （明）刘绩补注：《管子补注》卷10《参患》，第199页。
② （明）刘绩补注：《管子补注》卷2《七法》，第37页。
③ （明）刘绩补注：《管子补注》卷16《小问》，第342页。
④ （明）刘绩补注：《管子补注》卷2《七法》，第37页。
⑤ （明）刘绩补注：《管子补注》卷2《七法》，第36页。

但"明于机数"的基础又是"遍知天下"。也就是说，在制订作战计划之前和在作战过程中，对敌我双方的情况要有全面的了解和掌握。这实际上和《孙子兵法》的"知彼知己，百战不殆"思想有着惊人的相似之处。但《孙子》的知己知彼还局限于对双方作战部队情况的了解，而《管子》的"遍知天下"则不仅要求对双方国力、君主、军队等一切情况的掌握，还包括对当时天下大势的了解，因而内涵显然更为丰富。

在春秋时代多极化战略格局的态势下，任何一国的军事行动都不会只是作战双方的事情，它必然会在相关的诸侯国中引起不同的反应，对此没有全面准确的认识，而只知敌我情况是远远不够的。管子的"遍知天下"正是根据这些客观实际提出来的。

《管子·七法》说："为兵之数……存乎遍知天下，而遍知天下无敌。"①《管子》认为对敌人的情况应做到事先有全面的了解，即所谓要"早知敌"。"早知敌"就会取得战争的主动权，出其不意，所以说："早知敌则独行。"②管子所谓的"独行"，就是在提早掌握敌情的基础上，以己之长，制敌之短，从而势不可当，"以众击寡，以治击乱，以富击贫，以能击不能，以教卒、练士击驱众、白徒，故十战十胜，百

---

① （明）刘绩补注：《管子补注》卷2《七法》，第37页。
② （明）刘绩补注：《管子补注》卷6《兵法》，第115页。

战百胜"①。那么，要早知哪些敌情呢？《管子》主张要做到"四明"，即对敌方的国情、政治、将帅、士卒等四个方面都要有全面的了解和正确的分析判断。《管子·幼官》说："必明其情，必明其将，必明其政，必明其士。四者备，则以治击乱，以成击败。"② 如果事先不了解敌方的政治情况，便不能进行战争；不了解敌军的具体情况，就不能约定战争；不了解敌方将帅的情况，就不能采取军事行动；不了解敌方的士卒情况，就无法摆开阵势。这实际上就是要求军事统帅必须做到"知己知彼"，只有如此，才能做到"百战不殆"。

为了达到遍知天下的目的，《管子》特别强调用间和察图。所谓用间就是利用间谍做好情报工作。情报应该及时准确、细致入微。《管子》主张在敌人阵营中设立耳目，以详细窥探敌人的情况。《管子·制分》说："故小征，千里遍知之。筑堵之墙，十人之聚，日五间之。大征，遍知天下。日一间之，散金财用聪明也。故善用兵者，无沟垒而有耳目。"③ 一墙的间隔，十人的聚集，就要每天侦察五次。因而打一场小仗，就要了解千里以内的情况；而要打一场大仗，更要了解整个天下的情况。所谓每天侦察五次，就是用金钱财货买通内奸。因此善于用兵的统帅，即使没有构筑工事，也必定要

---

① （明）刘绩补注：《管子补注》卷2《七法》，第38页。
② （明）刘绩补注：《管子补注》卷3《幼官法》，第59—60页。
③ （明）刘绩补注：《管子补注》卷10《制分》，第200—201页。

有内奸耳目。《管子·七法》说："金城之守者，用货财，设耳目也。"① 从"散金财用聪明"与"用货财设耳目"来看，"聪明""耳目"都是指间谍活动，它们都与货财有关。这说明《管子》"用间"包括收买敌方人员以获取情报。至于"察图"就是审知地图。《管子》认为大凡军队的主帅，都必须详细地了解地图。"行军袭邑，举措而知先后，不失地利"② 的关键就是"用货察图"。《管子·地图》强调作战中要"知形""知能""知意"。也就是说，军中的主帅首先要熟悉地图，对于盘旋的险路，覆车的深水、名山、大谷、大川、丘陵、大陆、萧山、平原之所在，枯草、林木、蒲苇茂密的地方，道路的远近，城郭的大小、名称、废邑、贫瘠、制敌及可耕之地，等等，都必须做到完全了解。对于地形的出入交错，也必须做到心中有数，然后才可以行军袭邑，举措得宜而不失地形之利，这就是地图的作用。在管子看来，只靠了解地形还不够，还要了解人数的多少、士兵的素质、武器的优劣，但这也只是做到了"知形"。出兵打仗，仅仅"知形"还不够，还要"知能""知意"。与"知形"相比，"知能""知意"更为重要。所谓"知能"就是要认识敌我双方将帅的才能，"知意"就是要认识敌我双方的军事意图。三者之中，"知能"难于"知形"，"知意"又难于"知能"。作为一个军事将领必

---

① （明）刘绩补注：《管子补注》卷2《七法》，第39页。
② （明）刘绩补注：《管子补注》卷10《地图》，第196—197页。

须具备这三方面的能力，才能"闻未极""见未形"。只有这样，才能达到"独明""遍知天下"，进而"王"天下。

第六，要出奇制胜。

管子认为，战争具有一定的规律性，同时又具有灵活性。要使规律性、普遍性和机动、灵活性与一般性结合起来，善于随着敌我双方情况的不断发展变化而制定机动灵活的作战方针。管子的这种观点实际上就是出奇制胜的思想。

《管子》提出了"无方胜之几"的作战指导思想，认为："善者之为兵也，使敌若据虚，若搏影。无设无形焉，无不可以成也；无形无为焉，无不可以化也，此谓之道矣。"① 意思是说，善于用兵的人，并不拘泥于固定的阵法和战术，而是根据具体情况，随时调整变化。没有固定的形状，也没有形迹，造成敌人不知我们究竟在哪里，像是面对虚空，同影子搏斗，始终处于被动挨打的地位。在这里，《管子》已把灵活机动地改变作战方法提高到"道"，即作战规律的高度来认识，这显然已比孙武的认识提高了一步。《管子》认为，掌握了这种"道"，敌人就无法了解我军的作战意图，我军行动就神妙莫测。"无名之至尽，尽而不意，故不能疑神。"行动上神妙不测，就能攻其不备，出其不意，全胜而无害。

第七，要避实击虚。

---

① （明）刘绩补注：《管子补注》卷6《兵法》，第119、117页。

　　在《管子》中的《霸言》与《制分》等篇中还论述到"避实击虚"的军事战术问题。"虚实"是与众寡、强弱紧密相连的一个概念。"实"是兵力集中、势力较强的地方；"虚"指兵力分散、势力薄弱的地方。"避实击虚"就是针对敌人的薄弱环节，乘虚而攻击，有效地消灭敌人的有生力量，这就是虚实之变。《管子·制分》认为，应该放弃充实而攻打空虚的地方，放弃坚固而攻打脆弱的地方，放弃难攻而攻击容易攻取的地方。如果打强点就会受到阻碍，打弱点就会建立奇功。强点打不下来，弱点也就会变成强点；弱点攻下来了，强点也就变成了弱点。采用这种避实击虚的战术就可以集中优势兵力，攻击敌人的薄弱环节，最大限度地减少人员伤亡，以最小的代价取得战役的胜利。可见，不但要避坚击脆，而且要了解"坚""脆"是相对的，是可以转化的。因此《管子·霸言》进一步指出："释实而攻虚，释坚而攻脆，释难而攻易。"[1]"避实击虚"就是要在战争中避开敌军实力而攻其空虚，避开坚实而脆弱，避开难攻而攻其易攻。就是要善于根据敌我双方的军力、物力和准备情况来指导作战。如果敌人在军力、物力和准备上优于我方，则我方不可急于攻击，而应善于保存自己的有生力量和物力，等待战机，伺机攻击敌人薄弱的环节，争取战争的主动。《管子》指出，之所以要"避实击虚""释坚而攻虚"，是因为进攻敌人的坚强

---

①　（明）刘绩补注：《管子补注》卷9《霸言》，第178页。

之处，容易受到挫折；而进攻敌人的虚弱之处，便能立即收到神效。拼死去进攻敌人的坚固之处，那就等于使敌人的薄弱之处也变得坚固起来；进攻敌人的虚弱之处，那就能使敌人的坚固之处变得薄弱。"故凡用兵者，攻坚则韧，乘瑕则神……屠牛坦朝解九牛，而刀可以摸铁，则刃游间也。"① 在《管子》看来，指挥作战的道理和屠牛坦解牛一样，要游刃于间，避实击虚，这样就可收到事半功倍的效果。

总之，管子认为，要想建立一个清明的政治、社会环境，就必须有一支以强大经济实力为后盾的军队，如果做到将帅得人，法纪严明，士卒训练有素，武器装备精良，就可以战无不胜，攻无不克，真正地实现富国强兵的治理目的。上述《管子》的军事思想，反映了春秋时代战争的频繁与激烈，反映了在战争规模不断扩大、参战人数众多，因而对军队素质和武器装备的要求愈来愈高的情况下，兵家兵学思想的重要发展，《管子》中的兵家思想是丰富多彩的，在中国古代兵法史上具有重要的地位。《管子》的军事思想自成体系，异彩纷呈，它根植于齐文化的沃土，在先秦法家军事思想领域中独树一帜，并对古代军事思想的发展产生过深远的影响。《管子》军事思想中有一些带规律性的、合理的因素，至今仍具有重要的价值和借鉴意义，应当重视与深入发掘。

---

① （明）刘绩补注：《管子补注》卷10《制分》，第201页。

第六章 尊王攘夷 外交辅政

"尊王攘夷"一词是对管仲辅佐齐桓公霸诸侯匡天下战略方针的高度浓缩和概括。此语最早见于《春秋公羊传》一书，是由"南夷与北狄交，中国不绝若线。桓公救中国而攘夷狄，卒怗荆，以此为王者之事也"的记载中概括与抽象出来的。原意是尊奉周王为中原之主，维护周王朝的政治秩序，抵御北方游牧民族的侵扰。后来逐渐演化成了面对外族入侵时结成利益共同体的同义词。"尊王"，即尊崇周王的权威，维护周王朝的封建制度、宗法制度与礼乐制度；"攘夷"，即对中原诸侯在外来势力侵扰所进行的抵御。从"尊勤君王，攘斥外夷"出发，再后来则逐渐演化成了一个具有复杂含义的政治术语。尊，就是尊崇、拥护；攘，就是排斥、抵御；夷，则是外侵势力的统称，并非确指。管子"尊王攘夷"的政治战略，为后代执政者所尊崇，成为中华民族文化认同意识的滥觞。

一、"尊王攘夷"战略的制定

管子"尊王攘夷"战略方针的提出，有其一定的社会历史背景。

西周末期，周幽王任用贪财好礼的虢石父执掌朝政，引发了一系列朝政腐败与朝中官员的怨恨；同时，周幽王又改立嬖宠美女褒姒为王后，还准备废立太子，直接导致了犬戎势力的大举入侵；最后，在犬戎势力的威迫下，周平王不得不东迁洛邑，从此拉开了春秋诸侯争霸时代的序幕。

周平王东迁洛邑以后，周王朝综合国力急剧下降，周天子的权威大大降低，诸侯国内的篡权政变和各国之间的兼并战争也此起彼伏。与此同时，中原边境的族群趁机入侵，华夏文明出现了空前的危机。

华夏文明是中华文明的主体，在早期的发展过程中，古代文献以此为核心，把除了中原地区的邦国外的周围四方的部落分成了东夷、南蛮、西戎、北狄四部分，这些称呼是中原部族对四方部落的称呼，带有一定程度的蔑视性语言色彩，不是他们的自称。周平王东迁洛邑以后，先是西、北的戎、狄部族势力尾随侵入了中原。据史载，自公元前716年至公元前650年，华夏的郑、齐、鲁、卫、曹、虢诸国和周王室无一不受到了戎族的侵扰。公元前716年有北戎侵郑，公元前714年有北戎伐齐。狄族入侵的势力较之戎族更是有过之而无不及。

狄人又称为北狄，后来分为两支：一曰赤狄，一曰白狄。其中赤狄最为强大。狄人恃其强大武力，遍侵华夏邢、卫、齐、晋、郑、鲁诸国。楚在春秋时期已是社会发展水平很高的部族。但楚地处南方，衣服语言均不同于中原，所以自称"我，蛮夷也"。齐桓公、晋文公所倡导的"攘夷"，其中也包括攘楚。《公羊传》说："夷狄也，而亟病中国。南夷与北狄交，中国不绝若线。"[①]指的就是春秋时期蛮夷戎狄诸族与中原部族激烈斗争的严峻形势，其"南夷"主要指楚国。实际上，春秋时期的所谓"攘夷"，突出两层含义，一是对中原诸侯以外的族群势力的排斥，二是中原诸侯之间的内斗。当然，主要指的还是中原诸侯对于外来势力的排斥。"尊王"的要义就是要凝聚中原诸侯的力量，抵御外来的入侵，拱卫周天子的政治地位。管子"尊王攘夷"基本的要义就是如此。

对于周王室一统天下的内忧与外患，最为着急的有两部分人，一部分是以周天子为首的王室成员。这时候的周天子早已力不从心，束手无策，王室成员们自然更是无能为力。另一部分是周王室的股肱大臣。周王室的股肱大臣主要由两部分组成，一是西周以来以血缘疏近关系为基础而以拱卫王室为重点的股肱大臣。譬如周公旦，本是周文王的第四个儿子、周武王姬发的弟弟，分封于鲁，但因为辅佐成王、巩固与

---

① （清）陈立撰：《公羊义疏》，刘尚慈点校，中华书局 2017 年版，第 1102—1103 页。

安定周王朝统治的需要，他不得不让其子到鲁建国，而他的工作重心仍在周王朝的中央政府。召公奭，一般认为是周文王的庶子，他辅佐周武王灭商后，受封于蓟（今北京附近），建立了诸侯国燕国。但他派长子姬克管理燕国，自己仍留在镐京（今陕西西安一带）任职，辅佐朝廷。鲁周公、燕召公之类的股肱大臣，都是周王室的同姓，且与周天子本身有着极为亲近的血缘关系。二是西周以来以杰出贡献为基础而以拱卫王室为重点的股肱大臣，这一类股肱大臣最具代表性的是齐太公姜子牙。姜子牙因辅佐周王室兴周灭商贡献巨大，先是被尊为"师尚父"，后又被封为齐太公。齐太公在确定了治理齐国的一系列大政方针后也回到了周天子身边辅佐，齐国这里的管理工作则交给了他的儿子丁公伋。齐太公姜子牙虽然不是周天子的同姓，但有文献记载，姜子牙的女儿邑姜是周武王的王后，即与周王室有联姻关系。综合这些材料可以发现，虽然姜子牙不是周天子的同姓，但他得以股肱周室并分封于齐也并不是偶然的，因为他既在兴周灭商中贡献巨大，而且还是周武王的岳父，属于没有血缘关系的姻亲外戚族之列。这样，由于周王室的股肱大臣势力基本上都是按照"内姓选于亲，外姓选于旧"[①]的原则形成的，血缘关系近疏是不用判定的，故旧关系的亲疏、祖辈的贡献大小也是一个

---

① （清）洪亮吉撰：《春秋左传诂》卷10《室公》，第414页。

很好的依据。但从周灭殷商到周平王东迁洛邑，中间已经有了接近二百八十年的漫长发展变化过程，其中的人世更替，使得宗族间的血缘关系的紧密程度早已不复如前，故旧间的祖辈交情更是早已成了历史的谈资。实际上，世袭的周王室股肱大臣及其所在的诸侯国内，都是不情愿周王室垮掉的，不仅有着颜面上的情分，更重要的是，周王室的垮台将会极大地损伤他们的切身既得利益。但原来建立起来的血缘与拟血缘的政治管理秩序越来越松散，面对一浪高过一浪的内忧与外患，这些人多半只能心急如焚却束手无策。

由此可见，历史发展到春秋时期，王室式微，周王朝中央统治势力衰弱，天下共主局面已经成为历史，诸侯国纷纷崛起，新的政治社会局势，成为管仲实行与调整"尊王攘夷""弱强继绝"战略转变的历史依据。管子正是看到了这样一种社会现实，所以在齐桓公拜他为相的时候，提出了霸诸侯、匡天下的发展战略，同时高举起了"尊王攘夷""弱强继绝"的外交大旗，捍卫周王室的"共主"地位，阻遏北方夷狄的南犯，打击楚国北侵淮河流域、问鼎中原的嚣张气焰。这一战略措施，不仅让周王室感激涕零，在各诸侯国内部也是一呼百应。这是管子"尊王攘夷"政策之所以能够成功实施的基本社会背景。

二、"尊王攘夷"政策的实践

管仲的"尊王攘夷"政策有着丰富多彩的实践措施，突出表现在扶危、攘夷、尊王三个方面，这在历史文献记载中都有着具体的记述。大致上看，在公元前716年至公元前645年管仲在世的七十余年间，尤其在公元前685年齐桓公即位以后的四十年管仲作为齐国国相期间，以齐国的发展为中心，在扶危、攘夷、尊王三个方面，为维护周天子的一统天下，管仲确实做出了一些值得称道的事情。其情况大致如下：

1. 救邢、援卫、助郑、扶宋，进军淮河流域

公元前685年，齐桓公小白即位后，不计一箭之仇而任用管仲为相。同年八月发生了著名的齐鲁乾时之战，次年又发生了著名的齐鲁长勺之战，十月齐国又灭掉了谭国。这些行动，使得齐国这个东方大国有效地稳定下来。齐国政权的稳定，形成了对周天子政权稳定的有力支撑。

公元前682年，齐桓公政权得以初步稳定之后，齐桓公和管仲做了两件大事。一是齐桓公在政权稳定之后不听管子的再三劝阻，多次对外出兵，试图通过武力在诸侯之间尽快树立起自己的威望。在多次对外扩张失败受阻后，齐桓公不得已只好回到了管子"内政不修，外举事不济"[①]的道路上

---

①　（明）刘绩补注：《管子补注》卷7《大匡》，第128页。

来。二是齐桓公迎娶了周王之女共姬。齐桓公小白曾自称好色、好酒、好猎，《史记》记载齐桓公有三位夫人，分别是王姬、徐姬和蔡姬，但《春秋左传》中记载的只有王姬和蔡姬两位，而且这位蔡姬后来还被赶回了娘家。另外，有记载说："齐侯好内，多内宠，内嬖如夫人者六人。"[1]"如夫人"就是不是夫人的夫人，享受夫人待遇但没有夫人的资格，类似于嫔妃、宠妾之类。上述的王姬是周王的女儿，也就是共姬。齐桓公在即位之初就迎娶周天子的女儿做夫人，显然这桩婚事的政治味道很浓。对周王室来说，下嫁王姬是对齐桓公的垂青；对齐桓公来说，迎娶王姬则是对周王室的恭维。

公元前 681 年，齐、宋、陈、蔡、邾举行了北杏（约在今山东东阿附近）会盟，谋平定宋国之乱。宋伐杞，齐桓公命特使到宋国调停，而宋不听，诸侯联军就讨伐杞国，随后，齐桓公筑缘陵（一说缘陵即营陵，在今山东昌乐）以迁杞，并"予车百乘，甲一千"。

公元前 680 年，宋国背叛北杏之盟，齐国约请陈国、曹国并请求周天子派兵一同讨伐宋国，宋国迫于武力威慑，不战而屈服求和。郑厉公复位后也与齐联盟，冬天的时候齐桓公便在卫国举行了齐、宋、卫、郑四个诸侯大国的鄄之盟，周天子也派员参加了这次会盟。

公元前 679 年春，齐桓公再与宋、陈、卫、郑盟于鄄，

---

① （清）阮元校刻：《十三经注疏（清嘉庆刊本）》《春秋左传正义》，第 3926 页。

"齐始霸也"。秋,宋、齐、邾联合伐郳(春秋诸侯国名,在今山东枣庄附近)之后,郑背盟发兵侵宋。

公元前 678 年,因郑背郳之盟,齐随即联合宋、卫伐郑,并实现了齐、鲁.宋、卫、陈、郑、许等诸侯的幽(古代地名,在今河北北部及辽宁南部地区)之盟。楚国兴师与齐国争夺郑国,开始问鼎中原,欲与齐国一比高下。冬,鲁、齐、宋、陈、卫、郑、许、滑、滕盟于幽。

公元前 675 年,鲁国公子结听说齐侯、宋公将盟于鄄(今山东阳谷、鄄城一带),遂临时改变行动计划,参与了这次会盟。

公元前 672 年,陈厉公之子陈完,因避国家内乱逃难到齐国。齐桓公收留了这个落难的陈国国君之子,并且让他做卿,因这个官位太高,陈完自己不敢担当,只同意做了一个工正(负责管理市场的低级官员)。齐桓公还为陈完娶了一位大户人家的女儿,赐给了他一块叫作"田"的食邑。齐桓公给予陈完的待遇很高,以至于陈完感动得把自己的姓改成了田。这个陈完,就是后来齐国田氏政权的始祖田齐太公。

公元前 671 年,鲁庄公到齐国观社(一种类似于后来庙会的社会活动)。齐桓公与鲁庄公为迎娶齐女哀姜为夫人之事盟于扈(古地名,具体地址不详)。

公元前 670 年,鲁庄公迎娶齐国哀姜为妻。冬,郭(诸侯国名,地址不详)灭亡。传说齐桓公在郭地询问郭国灭亡的原因,郭地的父老们回答说:"郭君善善不能用,恶恶不能去，所以亡也。"①意思是说，郭国的灭亡是由于郭国的君主这个人用人不当造成的。郭国君主这个人，平时喜欢好人但并不会加以重用，厌恶坏人但又不能及时地除掉他们。选人用人好坏不分，国家怎么会不灭亡呢！

公元前668年，齐、宋、鲁三国联合伐徐。

公元前667年，齐会鲁、宋、陈、郑同盟于幽。周王赐齐桓公侯伯，命齐讨伐卫国。齐、鲁为讨伐宋国举行了城濮会盟。

公元前666年，齐桓公奉命讨伐卫国，卫国败。秋，楚伐郑，齐、鲁、宋联合救郑，楚退。

公元前664年，齐桓公将伐山戎（古代的北方民族）、孤竹（古代北方的方国，在今河北唐山境内），派人请求鲁国派兵相助，鲁国虽然口头答应，但实际上并没派兵。

公元前663年，山戎伐燕，燕告急于齐。齐桓公救燕，伐山戎，至于孤竹（今唐山滦南）而还。燕庄公感激不尽，亲送齐桓公入齐境。齐桓公以"非天子，诸侯相送不出境，吾不可以无礼于燕"②为由，分沟割燕君所至之齐地与燕，且命燕庄公修复燕召公之政，纳贡于周。诸侯闻之，皆拍手称齐。

---

① （宋）胡安国著：《春秋传》卷9《庄公下》，王丽梅点校，岳麓书社2011年版，第104页。

② （汉）司马迁撰：《史记》卷32《齐太公世家》，第1488页。

公元前662年，齐将伐山戎所得之宝器进于周公之庙。齐国兴师伐莒。齐桓公没有邀请鲁庄公，但鲁庄公听到消息后主动下令出兵助战，显然是为了弥补上年未能帮助齐国讨伐山戎之过。为楚伐郑之故，宋请齐会盟于梁丘（古地名，春秋时宋邑，故址在今山东成武境内）。鲁庄公去世，子姬般嗣位。鲁庄公同母兄庆父与鲁庄公的夫人哀姜私通，杀死姬般而立姬般的异母弟姬启为闵公，庆父到齐国报告了情况。

公元前661年，狄人侵邢，齐桓公率领宋、曹大军救邢，大败狄师。夏，齐国有周天子委派来的上卿国氏，与（周）王子虎、（晋）狐偃、（鲁）闵公、（宋）公孙固、（陈）辕涛涂、（秦）小子憖会盟于翟泉（古地名，约在今河南洛阳境内）。秋，鲁闵公与齐桓公会盟于落姑。鲁闵公意欲把季友请回来，并恢复他的职务，会盟中"齐侯许之"。鲁国这期间发生了庆父之乱，齐国曾派人到鲁国考察，考察回来后向齐桓公汇报说："不去庆父，鲁难未已！"

公元前660年春，齐人迁阳（亦说灭阳。阳，诸侯国名，约在今山东沂南砖埠镇黄疃村）。夏，狄侵齐。庆父出奔莒国，后自杀。齐国派高子率师到鲁国，立鲁僖公，整修了鲁国城池。鲁人"犹望高子也"。冬，狄人杀死卫懿公，占据卫国都城，灭亡了卫国。卫人立卫戴公为君，寄住在曹邑。齐国派公子无亏率大军前去帮助卫国戍守，并赠给卫文公乘马、祭服、牛、羊、豕、鸡、狗"皆三百"，还有做大门的材料和国君夫人的小车、高级锦缎三十四。

公元前 659 年，齐桓公杀死了哀姜并把哀姜的尸体送给了鲁国。狄人又侵略邢国，占领了邢国都城。齐桓公和管仲亲率齐、宋、曹三国大军救邢，大败狄军。狄军逃走后，邢国都城已毁为废墟。齐桓公在夷仪（周代邢国的国都，在今河北邢台西部浆水镇，一说在今山东聊城西南）为邢国建筑了一座新城作为邢国都城。郑亲齐，楚来伐郑。齐桓公与鲁、宋、郑、营、邾国君盟会于柽（或作"荦"），谋救郑。

公元前 658 年春，狄侵卫，卫求救于齐，齐桓公率师伐狄救卫，且又为卫国在楚丘（春秋时地名，在今河南滑县）建筑了新的都城，把在曹邑暂住的卫国国君迁到了楚丘。秋，为争取江、黄等诸侯加盟，齐桓公与宋、江、黄三诸侯之君盟于贯（古地名，在山东济阴南）。

公元前 657 年，鲁国上卿季友到齐国参加盟会。楚国为与齐国争夺霸主地位而不断进攻郑国，郑国向齐国求救。秋，齐桓公与宋、江、黄诸侯会于阳谷（地名，在今山东聊城东南），商讨讨伐楚国的事情。郑国游离于齐、楚之间，楚伐郑，郑国国君欲与楚和好，大夫孔叔不同意，说："齐方勤我，弃德不祥。"①

2. 伐蔡逼楚，取威定霸

齐国援卫、救郑、扶宋之后，挥师前进"伐蔡"，讨伐蔡

---

① （清）洪亮吉撰：《春秋左传诂》卷 7《僖公》，第 272 页。

国。齐桓公为什么出兵"伐蔡"？原因有二：首先，蔡国位于楚国的边境，出兵伐蔡，敲山震虎，威慑楚国；其次，齐国伐蔡前一年，即公元前657年，齐蔡两国之间的婚姻发生了戏剧性的冲突。据《史记·齐太公世家》记载，蔡国国君蔡缪侯的妹妹嫁给齐桓公，齐桓公很喜欢这位来自蔡国的美女蔡姬，一同乘船游玩。蔡姬出生于淮河、蔡水之滨，水性很好又年轻活泼，摇荡游船玩耍。齐桓公害怕摇晃，制止蔡姬，蔡姬不听，结果齐桓公被摇晃落水。齐桓公一怒之下，把蔡姬送还蔡国。当时，并没有毁弃婚姻，也没有断绝两国关系，史称"弗绝"。但是，"蔡侯怒，嫁其女"，让妹妹改嫁了。齐桓公对此十分愤怒，蔡国背齐的政治态度，不单纯是个人情绪，也是诸侯各国政治上摇摆的信号。管仲这次"伐蔡，蔡溃"，俘虏蔡国国君蔡缪侯。旨在教育缪侯，挽回蔡国背齐的影响，防止其他诸侯国政治上的摇摆。不久"齐侯归蔡侯"，恢复缪侯的国君地位，充分体现了联盟为主的政治战略。

管仲伐蔡以后，进军楚国的隆邑。楚国见齐国盟军强大，不敢轻率交战，派遣大夫屈完会见齐桓公，观望齐师虚实。双方在隆地会谈。屈完质问齐桓公："君处北海，寡人处南海，唯是风马牛不相及也，"[①]为何率领大军侵犯楚国的土地？管仲高举尊王大旗，首先拿出历史依据，向屈完证明齐桓公

① （清）阮元校刻：《十三经注疏（清嘉庆刊本）》《春秋左传正义》卷12，第3890页。

的身份和责任："昔召康公命我先君大公曰，五侯九伯，女实征之，以夹辅周室。"齐国很早就受命于周王室，负责监督各个诸侯国。今天是履行使命而来。管仲进一步说明：周王室"赐我先君履，东至于海，西至于河，南至于穆陵，北至于无棣"，权利范围包括全国各地。接着，管仲指责楚国的两大罪状：其一，"昭王南征而不复，寡人是问"。另一条罪状是："尔贡包茅不入，王祭不具，无以缩酒（祭祀虑酒），寡人是征。"这两个问题，都是历史问题。周昭王，成王之孙，公元前 977 年死于南征途中。史载昭王"南巡，守（狩猎）涉汉，船坏而溺"[①]，昭王没有回来，这件事情发生在楚国境内的汉水岸边，楚国应当负责；另外，楚国已经很长时间没有缴纳本地贡赋"包茅"，这是国家"缩酒"祭祀的用品。国之大事，唯祀与戎。楚国必须纳贡。两个历史问题，屈完代表楚王，接受了后一个批评，说："贡之不入，有之，寡人罪也，敢不共乎！昭王之出不复，君其问之水滨。"[②]屈完认为当年周昭王死于汉水，应该调查当时居住汉水的王室诸亲戚。周昭王时期，汉水一带不属于楚国境地，故楚不受罪。最后在楚国同意恢复向周天子进贡后，管仲罢兵。

公元前 655 年，周王室发生内讧。周惠王打算废掉太子郑，立爱妃之子叔带为太子，这不符合周王朝立嫡立长的宗

---

① （清）阮元校刻：《十三经注疏（清嘉庆刊本）》《论语注疏》卷14，第5456页。
② （汉）司马迁撰：《史记》卷32《齐太公世家》，第1498页。

法制度。齐桓公为了保全太子郑的地位，以诸侯拜见太子的名义，在公元前655年五月，联合八个诸侯国，在首止（今河南唯县东）会盟大会，讨论"王太子郑"的继承问题。太子姬郑参加了会议。这次盟会的结果，保住了姬郑的太子地位。周惠王觉得太子郑不听使唤，但又无力和齐桓公抗争，私下派人劝告郑国不要参加结盟。郑国听了周惠王的话，中途逃离了首止会议，剩下的七个诸侯共同缔结了共辅太子的盟约。会后，齐国率军征讨郑国，迫使郑国继续参加盟约，维护联盟的稳定。首止会议，不仅维护了宗法制度，保住了姬郑的太子之位，也进一步提高了齐桓公的盟主威信。公元前651年，周惠王死，太子郑登基即位，是为周襄王。惠王妃和襄王的弟弟叔带不甘心，联合戎狄发动武力叛乱，"谋伐襄王"。"齐桓公使管仲平戎于周"，把叔带留在齐国，成功解除了王室的危机。

3. 葵丘会盟，霸业巅峰

公元前654年夏，齐桓公因为郑文公在首止（古地名，在今河南睢县东南，春秋时属卫，地近郑国）会盟中不盟而走，遂率领鲁、宋、陈、卫、曹诸侯联军讨伐郑国，包围了郑国的新郑（在今河南中部，北靠郑州，南连长葛，属郑州。上古称为"有熊"，轩辕黄帝在此建都，又名"祝融之墟"，也称"有熊之墟"，为楚国先民的最早起源地）。楚国以周王的名义出兵围攻齐之盟国许国，声东击西以救郑之困。因有周王之命，齐桓公只得收兵而还。

公元前653年春，齐国再次出兵讨伐郑国，郑国向诸侯求和。秋，齐桓公邀请鲁僖公、宋桓公、陈世子款、郑世子华在宁母（古地名，春秋时鲁地，在今山东金乡东南）相会，商议与郑国订立盟约的事情。冬，郑文公到齐国与齐桓公结盟。周惠王死，太子郑因恐其弟弟叔带（王子带）与之争俭，秘不发丧，先告难于齐，请求齐国助其确立王位。

公元前652年，齐桓公邀请鲁、宋、卫、许、曹诸侯国君和陈世子，与周襄王派出的大夫在洮（在今山东鄄城附近）订立盟约。同时确认了太子郑的王位，是为周襄王。随后周襄王方为周惠王发丧。

周襄王在首止会议保住太子地位，后又在顺利继承王位后，又得力于齐桓公、管仲平息了叔带的宫廷叛乱。为了表彰齐国的功劳，派人给齐桓公送了祭肉、珍贵的弓箭和车子等礼物。齐桓公利用这个机会，于公元前651年在葵丘（今河南兰考、民权境内）会合诸侯，以招待周襄王派来的使者为名，举行诸侯联盟大会，扩大齐国的影响，进一步提高齐国的威信，史称这次会议为"葵丘之盟"。周天子的使者在葵丘之盟大会上，大力表彰齐桓公。齐桓公"九合诸侯"，"葵丘之盟"是最盛大的一次，标志着齐桓公的霸业达到高峰。

到葵丘之盟时，齐桓公先后帮助了三十多个小国，保护了周王朝太子郑的地位，拥立周襄王顺利继承王位。召集诸侯国兵车之会六次，乘车之会三次，九合诸侯，修钟磬而复乐。

《韩非子·有度》说："齐桓公并国三十，启地三千里。"①
《荀子·仲尼》说：齐桓公"并国三十五"②。据统计，管仲
辅佐齐桓公，会盟诸侯二十六次，用兵二十八次，顺利建立
了齐国在诸侯国中的霸主地位。

　　公元前651年夏，齐桓公邀请诸侯在葵丘举行会盟大会，
鲁、宋、卫、郑、许、曹等诸侯国君以及周襄王派来的周公
宰孔参加了会盟。而宋襄公刚死，宋桓公继位后还未发丧，
得到邀请就跑来参加会盟了。这次会盟，一是为了修订盟好，
一是为了显示对周襄王的尊崇。会盟当中关于齐桓公的表
现，《左传》中记述得很生动，说："王使宰孔赐齐侯胙，曰：
'天子有事于文武，使孔赐伯舅胙。'齐侯将下拜。孔曰：'且
有后命。天子使孔曰：以伯舅耋老，加劳，赐一级，无下拜。'
对曰：'天威不违颜咫尺，小白余敢贪天子之命，无下拜！
恐陨越于下，以遗天子羞。敢不下拜！'下，拜，登，受。"③
意思是说，周襄王正在朝廷忙于祭祀周文王、周武王的事情，
宰孔受周襄王之命来赐给齐桓公祭祀周文王、周武王用的胙
（祭祀用的肉）。齐桓公刚要上阶下拜受赐，宰孔又说，天
子命我告诉您，伯舅年纪大了，加之对王室立有大功，特赐
爵一级，不必下阶拜谢。齐桓公当即回答说，天子的威严，

---

①　（清）王先慎撰：《韩非子集解》卷2《有度》，第31页。

②　童书业著：《春秋史料集》《荀子·仲尼》，第307页。

③　（清）阮元校刻：《十三经注疏（清嘉庆刊本）》《春秋左传正义》卷13，
第3906页。

就在我的身边，我岂敢贪受天子之命而不下拜呢！果真那样，那我只能垮台，还要让天子蒙受羞耻。怎能不下阶拜谢啊！于是，齐桓公按照礼仪规定，走下台阶，拜谢，登堂，领了赏赐。其中的"宰孔"，宰是官，孔是名，宰孔指的是周王室的卿士。"齐侯"指的是齐桓公。"胙"是指祭祀用的肉。周王赐给异姓诸侯祭肉，是一种优厚的礼遇。民间经过演化，分发祭祀用过的食物，俗称"散福"。"文武"指周文王和周武王。"事"指祭祀行为。"伯舅"是天子对异姓诸侯的称呼。因周王室与异姓诸侯通婚，固有"伯舅"之称。"耋"，古代人年七八十岁为耋。耋也泛指老人。又有"耄"字常与之连用，耄也泛指老人。古代常以耄耋泛指年龄很大的老人。"加劳"意为加上有功劳于王室。周襄王因得齐桓公的支持，才能继承王位。"咫"，八寸为"咫"。"咫尺"形容很近。"余"，代词，我，齐桓公小白的自我谦称。"陨越"意为坠落。葵丘之会上，齐桓公提出了"尊周室，攘夷狄，禁篡弑，抑兼并"的口号，周王室对此深为感激，因而承认了齐桓公的霸主地位而称"伯"。但这个"伯"不是爵位里的"伯"，是"方伯"的意思。"方伯"是春秋时期政治发展的产物，指天子任命的诸侯之长，代表王室镇抚一方的诸侯称为"方伯"。

4. 尊王守制，盛极而衰

公元前 650 年夏，齐、许联军讨伐北戎。齐隰朋率师会秦师立姬夷吾为晋国国君，是为晋惠公。

公元前 649 年，周襄王之弟叔带与戎、翟（同"狄"，古

代北方民族）谋伐周襄王而发动政变。周襄王发现后欲诛叔
带，叔带逃至齐国。夏，鲁僖公及夫人会齐桓公于阳谷（地
名，在今山东聊城南部）。

公元前 648 年，因王子带之事，齐国派管仲到周去为周
与戎、翟讲和。周襄王欲以上卿之礼接待管仲，管仲坚辞曰：
"臣，贱有司也，有天子之二守国、高在，若节春秋来承王
命，何以礼焉？陪臣敢辞。"王曰："舅氏，余嘉乃勋，毋逆朕
命。"①'管仲卒以下卿之礼而还。周代的天子王廷及诸侯国内
部都设有卿这个官位，分为上、中、下三级，即上卿、中卿、
下卿。按周礼的规定，西周时期的诸侯国内卿位的设置。大国
三卿，都由天子任命；次国三卿，两卿由天子任命，一卿由诸
侯国君任命；小国一卿，由诸侯国君任命。齐国为侯国，国设
三卿，其中的国、高二氏为监国上卿，由周天子任命，管子之
卿位为齐桓公任命。周襄王欲以上卿之礼接待管仲是对管仲
的破格优待，管仲不接受上卿之礼是严格执行周礼的制度规
定，不越礼。"有司"是指主管某部门工作的官吏。古代设官
分职，各有专司，故称有司。"贱有司"就是低级的官吏，这
是管仲的谦称。"节"是节制，引申为按照。"舅氏"是对齐
国国君的称谓，对管仲这么称呼是以管仲代表齐国之意。这段
文献的意思是说，周襄王要按照上卿的礼仪接待管仲，管仲不
同意，辞谢说，我不过是齐国的一个低级小官吏，现在有天子

---

① （汉）司马迁撰：《史记》卷 4《周本纪》，第 152 页。

所任命的国氏、高氏在那里，如果他们按春秋两季接受天子命令的制度，现在用上卿之礼接待我，又用什么礼节来接待他们呢！所以我不能接受这样高规格的接待。周襄王十分感动地说，舅父，我赞美你的功勋，接受你的美德，这可以说是深厚而不能忘记的。管仲最终还是按照下卿的礼仪接受了招待。

公元前647年，齐侯使仲孙湫到周去访问，期间与王子带进行了交谈。访问结束之后，仲孙湫并没有把王子带的事情告诉周襄王。仲孙湫回来之后报告说，王子带那里的工作不好做，周王也怒气未消。秋，因为戎多为难之故，诸侯组织力量保卫周，齐国仲孙湫也带领军队去了。

公元前646年，齐桓公组织诸侯为杞国新筑缘陵城，迁杞于缘陵，给兵车百乘、士卒千人。

公元前645年春正月，鲁僖公来到齐国。三月，鲁僖公会齐侯、宋公、陈侯、卫侯、郑伯、许男、曹伯盟于牡丘（地名，在今山东茌平），巩固葵丘之盟，且解救正在受楚国威胁的徐国，秋，齐师、曹师伐厉（楚国的附庸国），目的在救徐。管仲死，齐桓公尽逐竖刁、易牙、开方、堂巫之后，食不甘，宫不治，苛病起，朝不肃。晋国公子重耳等因避秦晋之乱投奔到了齐国。

公元前644年，戎伐周，齐国令诸侯发卒戍周。齐桓公将齐女婚配于晋国公子重耳，赐马八十匹，使得重耳安心在齐国住下来。周王室向齐国警报戎难，齐国再次征发诸侯联军戍周。冬，淮夷威逼鄫国，齐桓公会合鲁、宋、陈、卫、郑、许、邢、曹诸侯联军于淮，为鄫国筑城，因筑城役人发生骚乱，城未能筑完。

公元前 643 年春，齐国人为徐国攻打英氏，以报复前二年楚击败徐的攻击。淮之会结束后，鲁国军队顺路灭亡了项国。齐国认为这是鲁僖公的擅自行动，就把鲁僖公拘留起来。秋，声姜（鲁僖公的夫人，齐女）由于僖公的缘故，在卞地会见了齐桓公，之后鲁僖公回到了鲁国。冬，齐桓公死。齐桓公的三位夫人王姬、徐嬴、蔡姬都没有儿子。如夫人六人：大卫姬生有武孟，小卫姬生有惠公，郑姬生有孝公，葛嬴生有昭公，密姬生有懿公，宋华子生有公子雍。早年桓公和管仲把孝公托付给宋襄公，以他为太子。管仲死，五公子都谋求立为嗣君。易牙和竖刁等依靠内宠的权贵立公子无亏为国君，迫使齐桓公遗嘱之君齐孝公逃亡到宋国。齐桓公死后，群公子争位，以至于停尸于床六十七日不得下葬，尸体生出的蛆虫都爬到了室外。

公元前 642 年，宋国联合诸侯与齐国大战于赢（古地名，在今山东济南附近）。此战为宋国帮助齐孝公争夺国君位置而发起。齐国大败，狄人因之而救齐。齐国内乱由此开始，从此失去了显赫的诸侯霸主地位。

从罗列的上述这些历史事件中我们可以看出，桓管称霸中的"尊王攘夷"，在本质上是以周王室为核心对诸侯列国的控制和对外来势力的排斥。同时，齐国虽然在内部的发展中也通过一系列大刀阔斧的改革致力于经济发展，突出强调"仓廪实则知礼节，衣食足则知荣辱"指导思想的理论实践并取得了巨大的成功，但这个发展结果的恩泽很明显地主要受惠于两个方面：一个最直接的是齐国自身，也就是孔子所说的"民到于今受其赐"；一个就是周王室的一统天下，《管子》中讲，管仲"会国用，三分二在宾客，其一在国"[①]。"会"，计算的意思；"国用"指的是国家财政支出。国家财政的全部支出，有三分之一用于国内，三分之二用于外事活动。这些外事活动是以拱卫王室为核心的。可见，为了维护周王室的一统天下，齐国确实是作出了巨大贡献的。而这个巨大贡献，在形式上维护的是周王朝的政治统治，本质上对捍卫华夏文化的延续产生了积极的作用。[②]孔子对管子的"尊王攘夷"盛赞不已："微管仲，吾其被发左衽矣。"宋人朱熹亦称其"尊周室，攘夷狄，皆所以正天下也"[③]。

总之，"尊王攘夷"与"弱强继绝"战略的本质在于兴灭继绝、援救弱小，维护周王朝的宗法制度，《公羊传》评价这一战略说："桓公救中国而攘夷狄。"对于齐桓公与管仲建立的"尊王攘夷"之霸业及其影响，孔子赞叹道："晋文公谲而不正，齐桓公正而不谲。""管仲相桓公，霸诸侯，一匡天

---

① （明）刘绩补注：《管子补注》卷 8《中匡》，第 141 页。

② 参见王京龙著：《管子与孔子的历史对话》，齐鲁书社 2016 年版，第114—128 页

③ （宋）朱熹撰：《四书章句集注》《论语集注》卷 7《宪问》，中华书局 1983年版，第 153 页。

下，民到于今受其赐。微管仲，吾其披发左衽矣。"①顾颉刚先生说："为了周平王的微弱、郑庄公的强暴，使得中原诸国化作一盘散沙，而楚人的势力这般强盛，戎、狄的驰聘又这等自由，夏、商、周以来积累了千余年的文化真动摇了。齐桓公处于如此艰危的时局，靠着自己的国力和一班好辅佐，创造出'霸'的新政治来，维持诸夏的组织和文化……所以霸政行了百余年，文化的进步真是快极了，战国时代灿烂的建设便是孕育在那时的。"②不用再多说一语，上引评价足以说明桓、管称霸对维护华夏文化统绪所起的重要作用了。

① 童书业著：《春秋史料集》《论语·宪问》，第176页。
② 顾颉刚：《齐桓公的霸业》，《文史杂志》1944年第3卷第2期。

第七章　必先顺教　万民乡风

　　作为一种重要的社会现象，自从有了人类社会，教育就产生了。就教育学而言，其基本问题是解决人的完善与发展问题，涉及个人完善发展与社会完善发展的关系。特别是阶级社会与国家产生以后，教育就具有了阶级性、政治性，就成了一种武器，谁掌握它，它就为谁服务。从这个角度讲，任何民族、任何国家的统治者都不同程度地重视对国民进行形式不同的教育。形式虽不同，但目的却是相同的，就是以此达到巩固统治，保证政权长治久安，促进经济发展，维护社会稳定，达到国富民强的目的。管子的教育思想亦是如此。管子的教育思想是紧紧围绕齐国的富强而展开的。管子将教育视为治国活动中教化民众的重要手段，十分重视对国民的道德以及技能的教育，强调治国牧民"必先顺教，万民乡风"，"终身之计，莫如树人"，"和民一众，不知法不可；变俗易教，不知化不可"。主张对国民普遍进行礼、义、廉、耻、法治的教育，并多次指出怎样对国民实施有效的全方位教育，统一思想和认识，以及如何来规范国民的行为，提高民众的生活技能，借以统一民俗民风，以此增强民富国强，实现长治久安，政通人和。

一、"四维不张，国乃灭亡"

《管子》十分重视对国民的道德教育，强调治国牧民"必先顺教，万民乡风"①，并多次指出怎样对国民实施有效的全方位教育，以及如何以此来规范国民的行为，以此来提高民众的技能，如何借以统一民俗民风，实现长治久安，政通人和。为此，管子认为，一个国家是否政通人和，社会是否稳定，是否长治久安，关键在对民众进行"礼、义、廉、耻"四维的教育与实践。

在国家治理上，管子认为："四维张则君令行。""四维不张，国乃灭亡。"②国家财富丰饶，远民就会前来归顺；土地多多开发，百姓就会滞留安居；粮仓充实，百姓才懂得礼节制度；衣食丰足，百姓才知道荣誉耻辱；君主遵行礼度，六亲才能团结；四维广为推行，君主才能令行禁止。精简刑法的关

---

① （明）刘绩补注：《管子补注》卷2《版法》，第41页。
② （明）刘绩补注：《管子补注》卷1《牧民》，第5页。

键在于禁止奢侈，巩固国家的原则在于整顿四维，训导百姓的要旨在于崇奉鬼神、祭祀山川、敬重祖宗、尊重亲旧。不重视天时，财富就不会产生；不重视地利，粮仓就不会充盈；田野荒芜，百姓就会怠惰；君主无节制，百姓就会妄为；奢侈不禁，百姓就会放纵；不堵塞"两源"，刑法就会繁多；不崇奉鬼神，小民就不会信从；不祭祀山川，威令就不会播扬；不敬重祖宗，百姓就会犯上作乱；不尊重亲旧，孝悌之德就不算完备。总之，不推行礼、义、廉、耻这四维，国家就要灭亡。《管子》在分析国之存亡时强调，一维绝、二维绝、三维绝还不算太可怕，因为此时还可纠正、安定和起复。最可怕的就是四维绝，这是灭亡的命运，这种命运是不可以改变的。要改变这种命运，就要对国民进行道德文化教育。

在提高国民道德素质和修养上，《管子》强调指出，凡是治国牧民的人，就应当使男人没有邪恶的行为，使女人没有淫乱的事情。要使男人不生邪恶，就要靠教育；要使女人不行淫乱，只能靠训诲。只要教育和训诲蔚为风气，刑罚就会减少，这是水到渠成、很自然的事情。正如《管子·权修》所言："凡牧民者，使士无邪行，女无淫事。士无邪行，教也；女无淫事，训也。教训成俗而刑罚省，数也。"①

管子还认为，对国民进行道德教育，应从大处着眼、小

---

① （明）刘绩补注：《管子补注》卷1《权修》，第17页。

处着手，绝不可因恶小而行之，也绝不可因善小而不为。《管子》强调指出，凡治理百姓的人，都希望他们走正路，要让百姓走正路，那么在他们身上所反映出的哪怕是微小的邪恶也不能不禁止。因微小的邪恶往往是滋生大邪大恶的根源，如果不及时加以禁止，任其泛滥，而指望不危害国家，那是不可能的。凡治理百姓的人，都希望他们懂礼，那么即使是很细微的礼也不能不重视。如果不重视这些小礼，而要求百姓行大礼，那是不可能的。凡治理百姓的人，都希望他们守义，哪怕很小的义也不能不遵从，如果不遵从小义，而要求百姓遵守大义，那是不可能的。凡治理百姓的人，都希望他们居廉，即使很细微的廉也应让百姓修明。如果不修明这种小廉，而想要求百姓奉大廉，那是不可能的。凡治理百姓的人，都希望百姓懂得大耻，那么即使在他们身上所反映出的极微小的耻也不能不加以整饬。如果不整饬这种小耻，而要求百姓懂耻，那是根本不可能的。又如《管子·权修》所言："凡牧民者，欲民之修小礼、行小义、饰小廉、谨小耻、禁微邪，此厉民之道也。民之修小礼、行小义、饰小廉、谨小耻、禁微邪，治之本也。"[1]对百姓进行礼义规范，根本的办法就是"乡建贤士，使教于国"[2]，对他们进行教化和训诲，让他们懂得从小处入手，从点滴做起，这是治民的根本。若放

---

① （明）刘绩补注：《管子补注》卷1《权修》，第18页。
② （明）刘绩补注：《管子补注》卷8《小匡》，第152页。

松或不对民众进行德行规范教育，必"四维不张"，结局就是"国乃灭亡"。由此我们可以看出，《管子》所讲的教育是指对民众进行的道德教育，其根本目的就是以此来淳风化民，来规范民众的道德与行为，使之"礼不逾节，义不自进，廉不蔽恶，耻不从枉"①，借此实现国家稳定，使统治者"可以治民一众"②，"期而致，使而往，百姓舍己以上为心者"，这就是《管子》所要达到的"政之所期也"③。

二、"利人之道，莫如教之以政"

历史的经验告诉我们，教化民众关系到国家的盛衰存亡。作为一部春秋战国时期的治国方略论集，《管子》中既有狭义上的教育思想，也有广义上的教育论述。尤其是就广义上的社会教育而言，《管子》的论述则更为精辟深刻。

《管子》指出："得人之道，莫如利之；利人之道，莫如教之以政。"④

这就是说，得人心的最好办法就是给他们利益，而给民众利益的有效途径就是进行政治教育。

---

① （明）刘绩补注：《管子补注》卷1《牧民》，第5页。
② （明）刘绩补注：《管子补注》卷2《七法》，第40页。
③ （明）刘绩补注：《管子补注》卷1《立政》，第25页。
④ （明）刘绩补注：《管子补注》卷3《五辅》，第63页。

教育作为教化人的特殊的社会现象，是伴随着人类社会的产生而产生的。洪荒时代，"未有火化，食草木之实，鸟兽之肉，饮其血，茹其毛"①，那时的所谓教育，只不过是一种有意的或随意的行动示范，是一种宽泛的社会教育。随着生产力的发展和社会的进步，社会教育作为一种社会发展的需要，得到了充分的发展。到了商周时代，教育已经有了明确的广义和狭义之分，也就是说，人类的教育，已经在广泛的、带有很大随意性的社会教育的基础上，产生了具有明确的目的性的学校教育。按照《礼记》的记载，天子可以设立叫作"辟雍"的学校，各方诸侯可以设立名为"判宫"的学校。在这些学校中，又可分为大学、小学两级，而各级各类的学校则统称为"国学"。春秋战国时期，一些诸侯国认识到教育是维护整个社会体系稳定运转的重要机制，可使民众服从其位，各守其职，安分守己，不得僭越。正如《管子》所说：

> 正君臣上下之义，饰父子兄弟夫妻之义，饰男女之别，别疏数之差，使君德臣忠，父慈子孝，兄爱弟敬，礼义章明。如此则近者亲之，远者归之。②

正是教育在治国中的这种重要性，使得执政者都十分重视国民的教育。作为齐桓公的相国，管仲自然也不例外。

---

① 郭沂校注：《孔子集语校注》《礼记·礼运》，中华书局2017年版，第1061页。
② （明）刘绩补注：《管子补注》卷21《版法解》，第415页。

管子高度重视人才的教育培养，将人才的教育培养放到了国家存亡的高度来认识，来对待。管子说："一年之计，莫如树谷；十年之计，莫如树木；终身之计，莫如树人。"①从宏观上来看，一个国家的管理，是一项复杂的系统工程。如果将这一复杂性和系统性作抽象的归类，《管子》认为国家管理的基本内容只有两项："治之本二：一曰人，二曰事。"②人是关系国家兴衰的第一要素。国家的强盛，必须依赖于才能之士，而才能之士的诞生，则无疑要依赖于教育。因此，把培养人才的工作放在治国实践活动的重要议事日程上，是《管子》教育思想的一个显著特色。这个特色具体表现在以下三方面：

首先，在战略上，《管子》把人的教育与培养看作"一树百获"的百年大计。《管子·权修》说："作一年的打算，没有比种植谷物更恰当的；作十年的打算，没有比培植果木更恰当的；作终身的打算，没有比培育人才更恰当的。种植一次而有一次的收获，这是谷物；培植一次而有十次的收获，这是果木；培育一次而有百次的收获，这是人才。执政者如果能精心地培育人才，巧妙如神地使用人才，那么，从事大业就能得心应手，这是称王天下必经的门径。"在《管子》看来，谷、木属于"事"的范畴，树谷、树木，是一个短期的现实既得利益的问题。对人的教育与培养，和树谷、树木是

① （明）刘绩补注：《管子补注》卷1《权修》，第17页。
② （明）刘绩补注：《管子补注》卷21《版法解》，第412页。

不同的，是一个执政者不得不重视的长远利益问题。如果急功近利，那是鼠目寸光；如果只盯着未来而不脚踏实地，那是望梅止渴。要谋求国家的长治久安，既不能急功近利，也不能望梅止渴；既要考虑近期的既得利益，也得考虑长远利益；而短期利益与长远利益之间，长远利益显然又是十分重要的头等大事。如果意识不到这一点，必然要犯战略上的错误。《管子》正是看到了这一点，从国家的前途和根本利益着想，把教育放在了重要的战略位置上。

其次，在重视人才、尊重知识方面，《管子》作出了具有划时代意义的贡献。在重视人才方面，《管子》在中国历史上第一次发现了"士"这一阶层。士作为一个概念，本来具有十分复杂的内涵。一般说来，早期的"士"泛指不同年龄、从事不同工作的男子。《管子·小匡》说，管仲相桓公治齐，"叁其国而五其鄙"，"士农工商四民者，国之石民也"[1]。在士、农、工、商四种国家的基本力量中，士居首位。应当说，从行政管理上把士作为一个相对独立的阶层从一般的社会男性成员中分离出来，这是对高层次专业人才重视的具体表现。这种分法，是中国古代知识分子阶层发展史上的里程碑。在尊重知识方面，《管子·山权数》中有一段关于奖励有为之士的论述。他说："民之能明于农事者"、"能蕃育六

---

[1] （明）刘绩补注：《管子补注》卷8《小匡》，第149页。

畜者”、“能树艺者”、“能树瓜瓠荤菜百果传蓄衰者”、“知时：曰‘岁且陋’、曰‘某谷不登’、曰‘某谷丰’者”、“通于蚕桑，使蚕不疾病者”，“皆置之黄金一斤，直食八石”。这段记载，不仅明确地规定了专业技术人才的经济待遇，而且还要“谨听其言而藏之官，使师旅之事无所与”①。管子这些措施，既表现出了对知识、对人才的高度重视，也反映出了教育在齐国经济、社会发展中所处的地位。

再次，将教育视为治国活动中教化民众的重要手段。管子对于民众的教化主要表现为这样几点：（1）礼、法并用。礼是一种让人们自觉遵守的道德规范，《管子》强调的是人的主观能动性；法是一种让人们必须遵守的行为规范，突出表现的特征是强制性。《管子》认为，“治人如治水潦”②，既要强制规范，也要适势引导。《管子》在此基础上提出的“刑罚不足以畏其意，杀戮不足以服其心”的思想，在中国法学史上也是光彩夺目的。（2）示范教育。《管子》认为：“御民之辔，在上之所贵；道民之门，在上之所先；召民之路，在上之所好恶。故君求之则臣得之，君嗜之则臣食之，君好之则臣服之，君恶之则臣匿之。”③君主，乃至于各级官吏，本身的言行就是对臣民开展教育的极好教材。上行下效，是社会

---

① （明）刘绩补注：《管子补注》卷22《山权数》，第446页。
② （明）刘绩补注：《管子补注》卷2《七法》，第36页。
③ （明）刘绩补注：《管子补注》卷1《牧民》，第5、7页。

的基本常识，是开展社会教育的基本原则。（3）潜移默化。《管子·侈靡》说："若夫教者，摽然若秋云之远，动人心之悲；蔼然若夏之静云，乃及人之体；窎然若崎月之静，动人意以怨；荡荡若流水，使人思之，人所生往。"①《管子》这里阐述的道理，用今天的话来说就是以情感人，以便起到一个潜移默化的作用。（4）教育与富民并行。《管子·牧民》说："仓廪实则知礼节，衣食足则知荣辱。"物质文明为精神文明的发展提供条件和实践经验，精神文明又为物质文明提供精神动力和智力支持。经济基础是教化民众的基本前提，富民是教化民众的必要途径，二者是相辅相成的。②

　　综上观之，管子的教育民众思想在其治国理政中占有重要地位。他把礼、义、廉、耻作为国之四维，反复告诫为政者在国家的治理中，要将"四维"教育放在极其重要的地位。他强调以礼教化人们的思想、以法规范人们的行为，主张把推行礼、普及法的落脚点放在社会的基本成员身上，"乡建贤士，使教于国，则民有礼矣"。③在基层地区设置专门人员，布礼施教，以教化人们的思想品行。所有这一切，都是他辅佐齐桓公建立霸业、强大齐国的重要施政部分。

---

①　（明）刘绩补注：《管子补注》卷12《侈靡》，第240页。
②　参见邵先锋著：《〈管子〉与〈晏子春秋〉治国思想比较研究》，齐鲁书社2008年版，第86—95页。
③　（明）刘绩补注：《管子补注》卷8《小匡》，第132页。

第八章　管理思想　领袖之道

　　除了前面几章所探讨的管子的治理之道外，管子的管理思想与领袖之道亦颇值得总结和探讨。管子的管理思想十分丰富，如决策七法、防范"四伤"、正确用人等。另外，《管子》在领导之道方面也多有总结，如君主最应该注意的"三本""四固""五事"、君主治国用术的九条守则等。

一、管子的管理艺术

1. 决策七法

决策的好坏往往决定事情的成败。

《管子》说：

> 治民有器，为兵有数，胜敌国有理，正天下有分。则、象、法、化、决塞、心术、计数。①

中国古代政治家治国非常注重决策，十分注意在决策过程中对"则、象、法、化、决塞、心术、计数"等方面的运用。

战国时期，齐威王同田忌赛马赌胜负。由于田忌决策不当，屡赛屡败。后来，精通兵法的孙膑充当田忌的参谋，结果使田忌反败为胜，传为千古佳话。

事情的简单过程是：

齐威王与田忌各有三匹马，马分上、中、下三个档次，按双方的约定，每场比赛进行三局。由于齐威王是一国之君，好马都给他收去了，所以田忌按上、中、下为序同齐威王的上、中、下三等马比赛，结果没有一场不输的。孙膑成为田忌的谋士后，改变了原来的常规思路，重新进行决策，结果田忌获胜。

---

① （明）刘绩补注：《管子补注》卷 2《七法》，第 33 页。

这到底是怎么回事呢？

原来，孙膑在赛前对比赛的几个方案进行了一番比较研究，他发现：第一种方案是以田忌的上、中、下等马分别对齐王的上、中、下等马，由于田忌之马逊齐王之马一筹，所以田忌以零比三败北；第二种方案是以田忌的下、中、上等马，分别对齐王的上、中、下等马，结果田忌的下等马负于齐王上等马，中等马负于齐王的中等马，上等马胜齐王的下等马，比赛结果会是一比二，田忌也要输；第三种方案是田忌的下、上、中等马分别对齐王的上、中、下等马，这样田忌的下等马负于齐王的上等马，上等马和中等马胜齐王的中等马和下等马，结果将是田忌以二比一战胜齐王。因此，通过比较分析，孙膑就叫田忌以第三种方案与齐王对抗，终于赢得了胜利。在这里，孙膑从几个备选方案中挑选出一个最佳方案的过程，也就是对这件事情决策的基本过程了。

世上的事情往往十分相似或者相同，赛马如此，治理国家又何尝不是如此呢？

作为一个政治家，管子当然十分注重对决策的研究与提升。根据齐国的实际情况以及管仲的治理国家的实践经验，《管子·七法》提出了决策中必须掌握的“则、象、法、化、决塞、心术、计数”七项具体方法。

什么叫“则”呢？

《管子》说：

　　　根天地之气，寒暑之和，水土之性，百姓、鸟兽、草木
　　之生，物虽不甚多，皆均有焉，而未尝变也，谓之则。①

　　管仲认为，基于宇宙万物的本原、寒暑的变化、水土的
性能而产生人类、鸟兽、草木等万物。物类虽然很多，但它
们都有一个共同不变的法则，这就是规律，也就是"则"。简
言之，"则"就是要懂得事物发展变化背后的本质性的东西，
就是要求与指导人们在与自然界、人类社会的斗争中发现规
律，按照客观规律办事。
　　何谓"象"？
　　《管子》说：

　　　义也，名也，时也，似也，类也，比也，状也，谓之象。②

　　事物的外形、名称、时间、相似物、类别、并列物、状
貌，等等，都称作情况，即所谓"象"。换言之，所谓"象"，
就是要了解事物变化过程中的各种具体状况，即事物的外在
表象。
　　何谓"法"？
　　《管子》说：

────────

① （明）刘绩补注：《管子补注》卷2《七法》，第33页。
② （明）刘绩补注：《管子补注》卷2《七法》，第33页。

> 尺寸也，绳墨也，规矩也，衡石也，斗斛也，角量也，
> 谓之法。①

或者说，法就是指尺寸、绳墨、规矩、秤石、斗斛、平量之器，意思是说要懂得与符合做事情的行为规范。

何谓"化"？

《管子》说：

> 渐也，顺也，靡也，久也，服也，习也，谓之化。②

就是说，渐进、顺应、琢磨、熏陶、服从、习惯等都可以称作教化。也就是说，"化"就是要懂得教化的作用，在治国中要根据实际情况充分灵活运用。

何谓"决塞"？

《管子》说：

> 予夺也，险易也，利害也，难易也，开闭也，杀生也，
> 谓之决塞。③

换言之，或予或夺、或险或夷、或利或害、或难或易、或开或闭、或杀或生，这就是决塞。所谓"决塞"，就是要懂

---

① （明）刘绩补注：《管子补注》卷2《七法》，第33页。
② （明）刘绩补注：《管子补注》卷2《七法》，第33页。
③ （明）刘绩补注：《管子补注》卷2《七法》，第33页。

得并控制事情变化与发展的方法。

何谓"心术"？

《管子》说：

> 实也，诚也，厚也，施也，度也，恕也，谓之心术。①

也就是说，待人信实、忠诚、宽厚、博施、气度、容让，这就叫作"心术"。再直白一点说，"心术"就是要懂得人情世故以及处事的手段。

何谓"计数"？

《管子》说：

> 刚柔也，轻重也，大小也，实虚也，远近也，多少也，谓之计数。②

换句话说，是刚是柔、是轻是重、是大是小、是实是虚、是远是近、是多是少，这叫作"计数"。"计数"，要想保证做事的成功，就必须要懂得谋略算计的重要性。

纵观古今中外历史，决策方法是否科学，不仅影响决策质量，而且也影响到决策能否顺利实施，小则影响着事情的成败，大则决定着国家的兴亡。因此，决策方法对于决策行

---

① （明）刘绩补注：《管子补注》卷 2《七法》，第 33 页。
② （明）刘绩补注：《管子补注》卷 2《七法》，第 33 页。

动至关重要。正因为如此,管子认为决策"七法"中的任何一项,都含有它自身的特殊的功能,都涉及决策的行动。

《管子》说:

> 不明于则,而欲出号令,犹立朝夕于运均之上,檐竿而欲定其末。不明于象,而欲论材审用,犹绝长以为短,续短以为长。不明于法,而欲治民一众,犹左书而右息之。不明于化,而欲变俗易教,犹朝揉轮而夕欲乘车。不明于决塞,而欲驱众移民,犹使水逆流。不明于心术,而欲行令于人,犹倍招而必拘之。不明于计数,而欲举大事,犹无舟楫而欲经于水险也。故曰:错仪画制,不知则不可;论材审用,不知象不可;和民一众,不知法不可;变俗易教,不知化不可;驱众移民,不知决塞不可;布令必行,不知心术不可;举事必成,不知计数不可。①

不寻求规律,要想制定法令制度,就好像要在转动的陶轮上树立标杆,又好像要固定摇动的竹竿的末端一样。不了解情况,要想量材用人,就好像把长材截短、短材接长一样。不掌握标准,要想治理百姓、统一民众,就好像用左手写字,而用右手阻止一样。不施行教化,要想改变风俗习惯,就好像早晨造出车轮,晚上就要乘车一样。不善于权衡,要想驱赶迁移百姓,就好像让河水倒流一样。不把握思想,要想对

---

① (明)刘绩补注:《管子补注》卷2《七法》,第33—34页。

别人发号施令，就好像背对靶子却要射中目标一样。不精于计算，要想举办大事业，就好像没有船和桨却要渡过急流险滩一样。因此说，制定法令制度，不寻求规律不行；量材用人，不了解情况不行；治理百姓、统领民众，不掌握标准不行；改变风俗习惯，不施行教化不行；驱赶迁移百姓，不善于权衡不行；公布政令必定推行，不把握思想不行；举办事业必定成功，不精于计算不行。因此，决策"七法"就是寻求规律，了解情况，掌握标准，施行教化，善于权衡，把握思想，精于计算。做好这"七法"，决策就不会发生太大的错误，国家就会得到正常的治理。

2. 防范"四伤"

在《管子》中，"四伤"是指百匿、奸吏、奸民、盗贼四种对国家有严重危害的人。

《管子》说：

> 百匿伤上威，奸吏伤官法，奸民伤俗教，贼盗伤国众。威伤，则重在下；法伤，则货上流；教伤，则从令者不辑；众伤，则百姓不安其居。重在下，则令不行；货上流，则官徒毁；从令者不辑，则百事无功；百姓不安其居，则轻民处而重民散；轻民处重民散，则地不辟；地不辟，则六畜不育；六畜不育，则国贫而用不足；国贫而用不足，则兵弱而士不厉；兵弱而士不厉，则战不胜而守不固；战不胜而守不固，则国不安矣。故曰：常令不审，则百匿胜；官爵不审，

则奸吏胜；符籍不审，则奸民胜；刑法不审，则盗贼胜。国
之四经败，人君泄见危。人君泄，则言实之士不进；言实之
士不进，则国之情伪不竭于上。[①]

　　朝廷中坏人当政，就会损害君主的权威；奸吏掌权，就会
破坏国家的法令；百姓中奸民得势，就会败坏风俗和教化；
盗贼逞强，就会伤害国内的民众。君主的权威受到损害，朝
廷的大权就会落到佞臣手中；国家的法令受到破坏，贿赂的
财货就会流进奸吏的腰包；风俗教化被败坏，臣民就不能
和睦团结；国内民众被伤害，百姓就不能安居乐业。大权下
移，政令就不能推行；财货上流，道德就遭到毁坏；臣民不
和睦团结，任何事也做不成；百姓不安居乐业，做工经商的
人和无业游民就会增多，从事农业的人就会离散。末业、游
民增多，本业、农民离散，土地就无人耕种；土地无人耕种，
六畜就不得繁育；六畜得不到繁育，国家就贫困，财用就不
足；国家贫困，财用不足，军队就衰弱，战士不勇猛；军队
衰弱，战士不勇，攻战就不胜，守卫就不牢；攻战不胜、守
卫不牢，国家就不能安定。因此说，国家法令不严格，坏人
就会当政；官爵升迁不严格，奸吏就会掌权；户籍登记不严
格，奸民就会得势；刑罚法律不严格，盗贼就会逞强。国家
的四种根本制度被破坏，君主的权力就会分散，地位就会危

---

　　① （明）刘绩补注：《管子补注》卷 2《七法》，第 34—35 页。

险。君主的权力分散，忠诚直言的臣下就不能进谏，忠诚直言的臣下不能进谏，国家的真实情况君主就无法全面掌握。如此下去，国家与君主就危险了。

因此说，在国家治理中，最害怕的就是发生奸邪犯法乱政的事情。坏人当政，君主的权威就会损害；奸吏掌权，国家的法令就会破坏；奸民得势，民众的风俗和教化就会败坏；盗贼逞强，社会正常秩序就会遭到破坏。权臣当国，吏治腐败，奸民猖獗，盗贼横行，这"四伤"严重危害到国家、君主与民众的利益与安全。防范这四种人得逞，是当政者应当时刻注意的重要事情啊。

3. 有机结合"法、术、权、势"

"法、术、权、势"有机结合是《管子》政治学说中一个颇具特色、十分重要的部分，相关内容集中体现在《任法》《法法》《明法》三篇文章中。胡家聪在《管子新探》中将其表述为如下"法术结合""权势结合"两个方面。[①]

第一，"法、术"结合。

《管子·任法》说：

> 圣君任法而不任智，任数而不任说，任公而不任私，任大道而不任小物，然后身佚而天下治。失君则不然，舍法而任智，故民舍事而好誉；舍数而任说，故民舍实而好言；舍

---

① 参见胡家聪著:《管子新探》,中国社会科学出版社1995年版,第58—59页。

公而好私，故民离法而妄行。舍大道而任小物，故上劳烦，
百姓迷惑，而国家不治。[①]

圣明的君主依靠法制而不依靠才智，依靠政策而不依靠
空说，依靠公法而不依靠私情，依靠大原则而不依靠小事例，
这样就能保障自身安逸而天下安定。失职的君主却不是这样，
舍弃法制而依靠才智，所以百姓就不讲事实而好求名誉；舍
弃政策而依靠空说，所以百姓就不讲实际而好说空话；舍弃
公法而喜好私情，所以百姓就背离法制而胡作非为；舍弃大
的原则而依靠小的事例，所以君主就劳累烦杂，百姓就迷惑
不解，国家就不会安定。这里，《管子》明确表述了国君不管
"任法"，还是"任术"，都必须以厉行法治为主导。

"任数"，则是指国君制御并督责诸臣百官推行法令政策
的"术数"。《管子·明法解》对"术数"的解释是："主无术数，
则群臣易欺之。"又说，"明主者，兼听独断，多其门户；群臣
之道，下得明上，贱得言贵，故奸人不敢欺。乱主则不然，听
无术数，断事不以参伍，故无能之士上通，邪枉之臣专国。"[②]
可见，"任数"的"数"指术数，或写作"术"。据韩非的解释：
"术者，藏之于胸中，以偶众端而潜御群臣者也。"[③]"任法"
与"任术"的关系是，前者为主，后者为辅，前者是公开的，

---

① （明）刘绩补注：《管子补注》卷 15《任法》，第 318 页。

② （明）刘绩补注：《管子补注》卷 21《明法解》，第 418 页。

③ （清）王先慎撰：《韩非子集解》卷 16，第 380 页。

后者是秘密的。君主对两者兼用，从而达到以法治国，操纵群臣，推行法令政策的目的。

第二，"权、势"兼用。"权、势"兼用在《管子·任法》等篇中有明确表述。

权，指权柄。"故明王之所操者六：生之、杀之；富之、贫之；贵之、贱之。此六柄者，主之所操也。"①权柄是由国君独操，应当牢牢掌握，不能"借人以其所操"；如果"借人以其所操"，那就会大权旁落。"生杀之柄专在大臣，而主不危者，未尝有也。故治乱不以法断而决于重臣，生杀之柄不制于主而在群下，此寄生之主也。"②《管子》提出"寄生之主"，是在对那些麻痹大意的君主敲警钟。

势，指势位。"尊君卑臣，非计亲也，以势胜也。"③"主之所处者四：一曰文，二曰武，三曰威，四曰德。"并强调："此四位者，主之所处也。借人以其所操，命曰夺柄。借人以其所处，命曰失位。夺柄失位，而求令之行，不可得也。"④君主专司文之生、武之杀，独处于任免文官、武将并进行考核、给予刑罚（威）或赏赐（德）的势位，这种势位至高无上。如果"借人以所处"，国君就不成其为国君了。《管子·法法》说："凡人君之所以为君者，势也。故人君失势，则臣制

---

①　（明）刘绩补注：《管子补注》卷 15《任法》，第 321 页。

②　（明）刘绩补注：《管子补注》卷 21《明法解》，第 417 页。

③　（明）刘绩补注：《管子补注》卷 21《明法解》，第 417 页。

④　（明）刘绩补注：《管子补注》卷 15《任法》，第 321 页。

之矣。"①《管子·明法解》的解释更是清楚："明主在上位，有必治之势，则群臣不敢为非。是故群臣之不敢欺主者，非爱主也，以畏主之威势也。"②这话真是一针见血。

4. 正确用人的原则

把握正确用人的原则，是《管子》的管理艺术中的一项重要内容。《管子》提出了朝廷用人三原则：德、功、能。并分析了贯彻这三原则的益处及不落实这三原则的祸端。

《管子》说：

> 国有德义未明于朝者，则不可加于尊位；功力未见于国者，则不可授以重禄；临事不信于民者，则不可使任大官。故德厚而位卑者谓之过，德薄而位尊者谓之失。宁过于君子，而毋失于小人。过于君子，其为怨浅；失于小人，其为祸深。是故国有德义未明于朝而处尊位者，则良臣不进；有功力未见于国而有重禄者，则劳臣不劝；有临事不信于民而任大官者，则材臣不用。三本者审，则下不敢求；三本者不审，则邪臣上通，而便辟制威。如此则明塞于上，而治壅于下，正道捐弃，而邪事日长。三本者审，则便辟无威于国，道途无行禽，疏远无蔽狱，孤寡无隐治。故曰：刑省治寡，朝不合众。③

---

① （明）刘绩补注：《管子补注》卷6《法法》，第109页。
② （明）刘绩补注：《管子补注》卷21《明法解》，第416页。
③ （明）刘绩补注：《管子补注》卷1《立政》，第19页。

君主用人必须注意品德、功绩、才能的综合特长。道义品德没有在朝廷显露出来的人，不能给予尊贵的爵位；功绩能力没有在国内表现出来的人，不能授给优厚的俸禄；治理政事不能取得百姓信任的人，不能担任重要的官职。品德淳厚而爵位卑微，这叫作用人失当；品德低劣而爵位尊贵，这叫作用人错误。宁可安排君子失当，也不可错误使用小人。安排君子失当，招来的怨恨浅；错误使用小人，造成的祸患深。如果有人道义品德没有在朝廷显露出来，却处于尊贵的爵位，那么贤良的大臣就得不到引荐；如果有人功绩能力没有在国内表现出来，却拥有优厚的俸禄，那么勤奋的大臣就得不到勉励；如果有人处理政事不能取得百姓的信任，却担任重要的官职，那么有才能的大臣就得不到重用。认真注意这三个根本问题，小人就不敢谋求高爵要职。这三个根本问题处理不当，阿谀奉承的邪佞之徒就会上通君主，专权逞威，这样君主会受蒙蔽，政令不能推行，治国的正路被抛弃，坏事乱萌日益滋长。这三个根本问题处理得当，邪佞之徒不敢滥施淫威，道路上见不到囚犯，边远地区不会产生冤狱，孤儿寡母不会无处申冤。因此说，刑罚少用了，政事减少了，朝廷就不用经常召集群臣议事。这三项用人原则，影响到国家的治乱，治国理政者不能不详细加以斟酌采用啊。

据《管子》记载：

正月之朝，乡长复事，公亲问焉，曰："于子之乡，有居处为义、好学、聪明、质仁、慈孝于父母、长弟闻于乡里者？有则以告。有而不以告，谓之蔽贤，其罪五。"有司已于事而竣。公又问焉，曰："于子之乡，有拳勇、股肱之力、筋骨秀出于众者？有则以告。有而不以告，谓之蔽才，其罪五。"有司已于事而竣。公又问焉，曰："于子之乡，有不慈孝于父母、不长弟于乡里、骄躁淫暴、不用上令者？有则以告。有而不以告，谓之下比，其罪五。"有司已于事而竣。于是乎乡长退而修德，进贤。桓公亲见之，遂使役之官。公令官长，期而书伐以告，且令选官之贤者而复之。曰："有人居我官有功，休德维顺，端悫以待时使，使民恭敬以劝。其称秉言，则足以补官之不善政。"公宣问其乡里，而有考验，乃召而与之坐，省相其质，以参其成功，成事可立，而时。设问国家之患而不肉，退而察问其乡里，以观其所能，而无大过，登以为上卿之佐，名之曰三选。①

　　正月国君听朝，乡长报告政事。桓公亲自问他，说："在你的乡内，有平时行义、好学、聪明、品性仁爱、对父母慈孝、敬爱兄长而闻名乡里的人吗？有这样的人就要报告。如果有这样的人而不报告，就叫作埋没人才，就有罪五种。"官吏报告完毕而退。桓公又问他，说："在你的乡内，有勇气、四肢和筋骨的力量超群的人吗？有这样的人就要报告。如果有这样的人而不报告，就叫作埋没人才，就有罪五种。"官

①　（明）刘绩补注：《管子补注》卷8《小匡》，第144—145页。

吏报告完毕而退。桓公又问他，说："在你的乡内，有对父母不慈孝、在乡里不敬爱兄长、骄横暴虐、不听国家法令的人吗？有这样的人就要报告。如果有这样的人而不报告，就叫作与有罪之人相勾结而加以包庇，就有罪五种。"官吏报告完毕而退。这样，乡长们回去就加强建设德政，把贤才选送上来。桓公亲自召见他们，就命他们在官府试职。桓公命令官长，满一年以后，记录并报告试用官员的功绩，按令办好把优秀的试用官员选择出来上报。报告说："有人在我官府有功，有美德而能顺从，能端正诚实地待命使用，能使人端庄有礼而受到鼓舞。至于他宣扬的非议言论，也能补教官府政事的不完善。"桓公遍问他的乡里，对他的行迹加以验证，然后召见他，与他坐在一起，察看他的素质，检验他的功绩，事实确可成立，于是就令他待命，又考问他国家的难事，如回答没有什么毛病，到他的乡里调查了解，观察他的能力，如果没有大的过失，就把他提作上卿的辅佐，这叫作三选。

选才制度在春秋时期就很兴盛，各诸侯国为使国家强盛，纷纷推出吸引人才的制度、政策以招揽天下贤士，还突破世卿制度的规定，不拘一格启用人才。到了战国时期更是如此。魏国的李悝按照"食有劳而禄有功"的原则任用有劳、有功之人；赵国实行"选练举贤，任官使能"的政策；韩国申不害采用授官于贤能的政策以确保用人的纯洁；秦国商鞅更是改革原有人事制度，规定无论贵族、贫民，均按功行赏、封官进爵。

应该说，在中国古代统治者中，尊重人才、重视人才、精于选拔人才者不在少数，但像齐桓公这样不分贵贱等级自下而上逐级遴选的严格选才方式却是极为罕见的。这种选才方式在制度保障下，运用严格标准与尺度，大大避免了形式化的倾向和主观随意性，确保了高质量人才的发掘与启用。更为难能可贵的是，执政者亲临现场，对选出的人才"省相其质""察问其乡里"，逐个过问，以防疏漏。这种选拔人才要经过举荐、不断检验与考课等程序的严格标准，非常值得管理与决策者学习、研究与借鉴。

5. 最高的管理艺术是正定万物

《管子》说："圣人精德立中以生正，明正以治国。"

> 政者，正也。正也者，所以正定万物之命也。是故圣人精德立中以生正，明正以治国。故正者，所以止过而逮不及也。过与不及也，皆非正也，非正则伤国一也。勇而不义伤兵，仁而不法伤正。故军之败也，生于不义；法之侵也，生于不正。故言有辨而非务者，行有难而非善者。故言必中务，不苟为辩；行必思善，不苟为难。规矩者，方圆之正也。虽有巧目利手，不如拙规矩之正方圆也。故巧者能生规矩，不能废规矩而正方圆；虽圣人能生法：不能废法而治国。故虽有明智高行，倍法而治国，是废规矩而正方圆也。①

---

① （明）刘绩补注：《管子补注》卷6《法法》，第109—110页。

政，就是正。正，就是用来公正地确定万物的命运的。因此圣人精心地修德树立中正的榜样来培养公正，明确公正的态度来治理国家。所以正是用来禁止过分和补充不足的。过分与不足，都不是公正的，不公正有害治国。勇敢而不合乎正义有害军队，仁慈而不合乎公正有害于法度。所以军队的失败，在于不合乎正义；法度的破坏，在于不合乎公正。言论雄辩并不一定就务实际，行动谨慎很可能就没有实效。因此言论一定要中正务实，不苟且于雄辩；行动一定要考虑实效，而不苟且于谨慎。规矩，是校正方圆的。人虽有巧手利目，却不如笨拙的规矩能校正方圆。所以灵巧的人虽能制作规矩，却不能废弃规矩来校正方圆；圣人虽能制定法令，却不能废弃法令来治理国家。所以虽有智力非凡、德行高尚的君主，如果背弃法令来治国，这与废弃规矩来校正方圆是一样的结果。

合理准确的刑罚恩德是治理国家的工具。《管子》又说：

制断五刑，各当其名，罪人不怨，善人不惊，曰刑。正之，服之，胜之，饰之，必严其令，而民则之，曰政。如四时之不忒，如星辰之不变，如宵如昼，如阴如阳，如日月之明，曰法。爱之，生之，养之，成之，利民不德，天下亲之，曰德。无德无怨，无好无恶，万物崇一，阴阳同度，曰道。刑以弊之，政以命之，法以遏之，德以养之，道以明之。刑以弊之，毋失民命；令之以终其欲，明之毋

径；遏之以绝其志意，毋使民幸；养之以化其恶，必自身
始；明之以察其生，必修其理。致刑，其民庸心以蔽；致
政，其民服信以听；致德，其民和平以静；致道，其民付
而不争。罪人当名曰刑，出令时当曰政，当故不改曰法，
爱民无私曰德，会民所聚曰道。立常行政，能服信乎？中
和慎敬，能日新乎？正衡一静，能守慎乎？废私立公，能
举人乎？临政官民，能后其身乎？能服信政，此谓正纪。
能服日新，此谓行理。守慎正名，伪诈自止。举人无私，
臣德咸道。能后其身，上佐天子。[①]

专断五刑，各与罪名相当，犯罪的人就不会怨恨，善良
的人就不会惊恐，这叫作刑。匡正百姓，折服百姓，强制百
姓，整饬百姓，必定要命令严格，叫百姓遵守，这叫作政。像
四季的转换那样不会发生差误，像星辰那样不会发生变化，
像昼夜，像阴阳，像日月那样分明，这叫作法。爱护百姓，
增多百姓，供养百姓，成全百姓，有利于百姓而不让百姓感
恩戴德，天下的百姓都来亲附，这叫作德。无恩德无仇怨，
无所好无所恶，万物都发生于一，阴阳的变化都有共同的规
律，这叫作道。刑罚用来裁断百姓，政令用来命令百姓，法
制用来遏制百姓，恩德用来养育百姓，大道用来启发百姓。
用刑罚来裁断百姓，是为了不要错丧人命；命令百姓是为了

---

① （明）刘绩补注：《管子补注》卷 15《正》，第 316—317 页。

终结他们的私欲，不要使百姓走上邪路；遏制百姓是为了杜绝他们的非分之想，不要使百姓有侥幸的心理；养育百姓改变他们的恶行，必从自身开始；启发百姓了解自己的性情，必定按照道的原理。施用刑罚，百姓就会用心敬畏；施用政令，百姓就会诚实听从；施用恩德，百姓就会平和安静；施用大道，百姓就会亲附不争。判罪与罪名相当叫作刑，出令与季节相当叫作政，合乎已有的成规而不改变叫作法，爱护百姓而无私心叫作德，合乎全民所需的叫作道。立常法行政令，能使百姓信服吗？心中平和谨慎敬肃，能日新其德吗？政治平稳安定统一，能坚持谨慎小心吗？废私立公，能推举人才吗？执政治理百姓时，能先人后己吗？能使百姓信服，这叫作纲纪端正。能日新其德，这叫作按理行事。坚持谨慎小心辨正名称，虚伪和奸诈自然禁止，推举人才能废私立公，他的为臣之德值得大家都来称道。能做到先人后己，就可辅佐天子。

无规矩不成方圆，治国的"规矩"即在于"正"。

"正"，即匡正。按照管子的认识，"刑、政、法、德、道"即是"正"，即是"规矩"，是专门用来治国理政、匡正臣民的思想和行为的。"正能定物"。政治家、管理者要想达到治理的目的，就应该从正己正人角度，一切以"正"为嚆矢。从一定意义上说，规矩，就是"正"，就是治国理政的标准。规矩，是用来矫正方圆的。政治家虽然有锐利的眼睛和灵巧的双手，也不如用笨拙的规矩来矫正方圆。巧匠能制造规矩，但不能弃掉规矩来矫正方圆。虽然圣人能制定法律，却不能废止法律而治理国家。即使治国者头脑明智，行为高尚，但如果违背法律而治国，还是如同废弃规矩而矫正方圆一样达不到目的。《管子》用巧者、规矩与方圆的关系，恰如其分地表达了法或规矩对人的行为约束的重要性和不可替代性。

　　总之，以法律、规则为标志的"正"是用以约束人们行为的，而法律与规则又为人所制定，必定有人为的因素，不过一旦法律或规则制定下来，就应该切实遵守和执行，这自然包括制定这些规则的人。卢梭说过"遵守法律是最重要的一条法律"，我们也可以说，遵守规矩就是最重要的规矩，无论有多大理由、多大权力都不能以自己的尺度行事。政治家治国、管理者实施管理，都要从立规矩入手，因为，没有规矩，就没有方圆，立了规矩，就应严格按照规矩办事，如果制定了制度而未实施，或人为地破坏而使制度束之高阁、形同虚设，制度再多也会失去意义。归根结底，制度要产生约束力还在于使用与落实上。就某种意义而言，使用规矩比制定规矩显得更为重要与困难。这正如《管子》所说："法立令行，则民之用者众矣；法不立，令不行，则民之用者寡矣。"①

---

① （明）刘绩补注：《管子补注》卷6《法法》，第107页。

二、管子论领袖之道

1. 领袖最重要的品质

在《管子·小匡》中有这样一个有趣的故事：

初，桓公郊迎管子而问焉，管仲辞让，然后对以参国伍鄙，立五乡以崇化，建五属以厉武，寄兵于政，因罚，备器械，加兵无道诸侯，以事周室。桓公大说，于是斋戒十日，将相管仲。管仲曰："斧钺之人也，幸以获生，以属其腰领，臣之禄也。若知国政，非臣之任也。"公曰："子大夫受政，寡人胜任；子大夫不受政，寡人恐崩。"管仲许诺，再拜而受相。三日，公曰："寡人有大邪三，其犹尚可以为国乎？"对曰："臣未得闻。"公曰："寡人不幸而好田，晦夜而至禽侧，田莫不见禽而后反。诸侯使者无所致，百官有司无所复。"对曰："恶则恶矣，然非其急者也。"公曰："寡人不幸而好酒，日夜相继，诸侯使者无所致，百官有司无所复。"对曰："恶则恶矣，然非其急者也。"公曰："寡人有污行，不幸而好色，而姑姊有不嫁者。"对曰："恶则恶矣，然非其急者也。"公作色曰："此三者且可，则恶有不可者矣？"对曰："人君唯优与不敏不可。优则亡众，不敏不及事。"公曰："善。吾子就舍。异日请与吾子图之。"对曰："时可将与夷吾，何待异日乎？"公曰："奈何？"对曰："公子举为人博闻而知礼，好学而辞逊，请使游于鲁，以结交焉。公子开方为人巧转而兑利，请使游于卫，以接交焉。曹孙宿其为人也，小廉而苛忕，足恭而辞结，正荆之则也，请使往游。
以接交焉。"遂立行三使者，而后退。①

　　当初，齐桓公在京郊迎接管子归来时就向他咨询治理国
家的事情，管仲推辞拒绝，以后才提出建立三国五鄙的制度，
建立五乡用来推崇教化，建成五属来训练军事，把军事训练隐
藏在内政管理之中，依靠赎罪制度，备足军用器材，然后对无
道诸侯施加武力，以侍奉周王朝。齐桓公听了十分高兴，因此
虔诚地斋戒十天，要立管仲为相。管仲说："我是该杀之人，
幸获生存，能够苟全性命，这已是我的福分了。如果要授予我
承担国家的政事，这不是我所能胜任的。"齐桓公说："你接
受国家的政事，我能胜任国君；你如果不接受国家的政事，我
恐怕就要崩溃了。"管仲最后才答应下来，再拜而接受相国的
职务。三天后，齐桓公对管仲说："我有三大毛病，那还能管
理国家吗？"管仲回答说："说来听听。"齐桓公说："我不幸
而喜好打猎，在黑夜时就来到禽兽出没的湖泽草野之地，直到
田野寂静不见禽兽时才迟迟回来。这样，诸侯使者无法向我传
达他们的使命，百官人员无法向我报告他们的职事。"管子回
答说："这件事虽然是很坏，但不是十分紧要的。"齐桓公说：
"我不幸而喜好饮酒，日夜相继，诸侯使者无法向我传达他们
的使命，百官人员无法向我报告他们的职事。"管仲回答说：

<hr>

　　① （明）刘绩补注：《管子补注》卷8《小匡》，第164页。

"这件事虽然很坏，但也不是十分紧要的。"齐桓公说："我还有一件丑事，就是不幸喜好女色，姑表姐妹因此也有不嫁给人的。"管仲说："这件事坏虽然很坏，但还不是十分紧要的。"齐桓公变色说："这三件事尚且可以允许，哪里还有什么不可以允许的事情呢？"管仲回答说："国君唯有优柔寡断与不敏于事为不可允许的。优柔寡断就失去众人，不敏于事就办不成事。"齐桓公说："好。你回家吧，改日再请你一起来讨论国事。"管仲回答说："此时就可与我谈，何必要等待另日呢？"齐桓公说："要谈什么呢？"管仲回答说："公子举为人知识广博又懂礼仪，好学而说话谦逊，请派他出游到鲁国，以便同鲁国结交。公子开方为人圆滑而锐利，请派他出游到卫国，以便同卫国结交。曹孙宿为人，小事能细察，态度十分恭敬，又善于辞令，正合乎荆人的风格，请派他前往交游，以便同荆人结交。"这样就立即派出了三位使者，管仲而后才告退出来。

这个故事很有意思，全文回顾了齐桓公和管仲初次见面时发生的事情。齐桓公对管仲交心，既然信任、重用了管仲，就把自己的缺点一一告诉了管仲，说自己身上有三种大毛病。但管仲认为这都不是最坏的毛病。于是齐桓公翻脸，以为管仲是在敷衍自己。管仲认真回答说："对于君王来说，左右摇摆、举棋不定和反应迟钝，这些才是最致命的弊病。性格豫不决就会失去大家的支持。反应迟钝则不仅会错过取得成功的良机，而且还可能使潜在的危机因得不到及时解决而爆发，造成一发而不可收拾的局面。"可见，"对一个领袖的素质要求和对普通人的要求不同，他可以在私德上有些瑕疵，但反应快、判断准和敢决断乃是最重要的领袖素质，因为这涉及国家的安危"①。管仲对齐桓公说明完毕领袖最需要的素质后，马上就向齐桓公提出建议，将他推荐的人才落实到了实处。事实也证明，齐桓公在大事上确实不犹豫，立刻答应了管仲的要求，决策果断而明晰，从而为这对君臣遇合留下了一段美妙的千古佳话。

2. 国君的六种权力及其重要性

《管子》说：

> 桓公曰："六秉者何也？"管子曰："杀、生、贵、贱、贫、富，此六秉也。"②

桓公问管仲："国君的六种权力是哪些？"管子说："杀人，使人生，使人尊贵，使人卑贱，使人贫困，使人富足，这就是国君的六种权力。"

《管子》又说：

> 凡人君之德行威严，非独能尽贤于人也，曰人君也，故从而贵之，不敢论其德行之高卑。有故为其杀生急于司命

---

① 魏承思著：《管子解读：领袖需要的智慧》，上海人民出版社 2014 年版，第 55 页。

② （明）刘绩补注：《管子补注》卷 8《小匡》，第 148 页。

也，富人贫人使人相畜也，贵人贱人使人相臣也。人主操
此六者以畜其臣，人臣亦望此六者以事其君。君臣之会，六
者谓之谋。六者在臣期年，臣不忠，君不能夺；在子期年，
子不孝，父不能夺。故《春秋》之记：臣有弑其君，子有弑
其父者，得此六者，而君父不智也。六者在臣则主蔽矣；主
蔽者，失其令也。故曰令入而不出谓之蔽，令出而不入谓之
壅，令出而不行谓之牵，令入而不至谓之瑕。牵瑕蔽壅之
事君者，非敢杜其门而守其户也，为令之有所不行也。此其
所以然者，由贤人不至而忠臣不用也。故人主不可以不慎其
令。令者，人主之大宝也。^①

　　管子认为，君主的威严，并不是因为他的德行比别人好，
而是因为他是君主，因而人们尊重他，不敢评论他德行的高
下。因为他是君主，掌握着生杀的大权，比掌管命运之神还威
严，掌握着使人贫富、让人供养的大权，掌握着使人贵贱、教
人服从的大权。君主操持这六种大权来管理他的臣子，臣子也
看着这六种大权来侍奉他们的君主。君主臣子的聚合，就是以
这六种大权作为媒介的。六种大权旁落在臣子手中满一年，臣
子虽然不忠，君主也不能剥夺；旁落在儿子手中满一年，儿子
虽然不孝，父亲也不能剥夺。所以《春秋》上记载：臣子中有
杀了君主的，儿子中有杀了父亲的，是因为他们获得了这六种

---

①　（明）刘绩补注：《管子补注》卷6《法法》，第110页。

大权，而做君主、做父亲的还不知道。六种大权在臣子手中，君主就受蒙蔽了；君主受蒙蔽，就是失去了政令。所以说，政令只能报入而不能发出称为蔽，政令只能发出而不能报入称为壅，政令只能发出而不能施行称为牵，政令只能报入而不能到君主手中称为格。有牵、格、蔽、壅现象的君主，并不是因为有人堵塞了他的门，封锁了他的家，而是因为政令不能施行的缘故。这种情况之所以出现，是由于贤人不来、忠臣不用。所以君主对政令不能不谨慎。权柄与政令，是君主的大宝啊。

> 凡人君之所以为君者，势也。故人君失势，则臣制之矣。势在下则君制于臣矣，势在上则臣制于君矣。故君臣之易位，势在下也。[1]

大凡君主之所以能成为君主，是因为他有权势。所以君主失去权势，臣子就能控制他了。权势在下面，君主就被臣子控制了；权势在上面，臣子就被君主控制了。所以君臣位子颠倒，是因为君主的权势旁落。

总之，对于君王来说，法令的施行比任何珍宝都重要，国家应该优先于亲戚，法令比人民重要，权势比爵禄贵重。不能把珍宝置于号令之上，珍宝可以送人，号令权责不能松手。为了国家的安定，君主就要牢牢掌握住权力，不能顾及

---

① （明）刘绩补注：《管子补注》卷6《法法》，第109页。

亲情，尤其是不能随便把权力分给亲戚。不要相信什么"以仁治天下"，而随便宽赦，破坏法制。对于臣属，宁可封官，宁可重奖，给他们高官厚禄，但不能把威势权力分出去。总而言之，什么都可以送人，权势是不可以送人的。要实行以法治国，必须首先保证君主的绝对权势。

3. 君主最应该做到的"三本"、"四固"和"五事"

"三本"是：

> 君之所审者三：一曰德不当其位，二曰功不当其禄，三曰能不当其官。此三本者，治乱之原也。①

君主审查的问题有三个：一是臣下的品德和他的地位是否相称；二是臣下的功绩与他的俸禄是否相称；三是臣下的才能与他的官职是否相称。这三个根本问题是国家治乱的根源。

"四固"是：

> 君之所慎者四：一曰大德不至仁，不可以授国柄；二曰见贤不能让，不可与尊位；三曰罚避亲贵，不可使主兵；四曰不好本事、不务地利而轻赋敛，不可与都邑。此四务者，安危之本也。②

---

① （明）刘绩补注：《管子补注》卷1《立政》，第19页。
② （明）刘绩补注：《管子补注》卷1《立政》，第19页。

君主要慎重对待的问题有四个：一是对推崇道德而不力求做到"仁"的，不能交给他国家大权；二是对见贤而不能让贤的，不能给予他尊贵的职位；三是对执掌刑罚包庇亲戚、显贵的，不能让他统率军队；四是对不重视农业生产、不注意土地收益却随意征敛赋税的，不能让他做都邑的官吏。这四个必须慎重对待的问题，是决定国家安危的根本。安国的"四固"不仅有政治上的措施，还有经济上的方法。

"五事"是：

> 君之所务者五：一曰山泽不救于火，草本不殖于成，国之贫也；二曰沟渎不遂于隘，障水不安其藏，国之贫也；三曰桑麻不殖于野，五谷不宜其地，国之贫也；四曰六畜不育于家，瓜瓠荤菜百果不备具，国之贫也；五曰工事竞于刻镂，女事繁于文章，国之贫也。[①]

君主必须注意的事情有五件：一是山泽不能防止火灾，草木不能繁殖成长，国家就会贫穷；二是沟渠狭窄的地方不通畅，堤坝里的水泛滥成灾，国家就会贫穷；三是田野不种植桑麻，不能因地制宜播种五谷，国家就会贫穷；四是家里不饲养六畜，瓜果蔬菜也不齐备，国家就会贫穷；五是工匠在制作奢侈品上比高低，妇女在纺织刺绣上把文采花样搞得

---

① （明）刘绩补注：《管子补注》卷1《立政》，第20页。

很复杂，国家就会贫穷。富国"五事"，主要是发展以农业为
主的各种经济。

4. 细究国家祸乱的根源

《管子》说：

> 是故别交正分之谓理，顺理而不失谓之道。道德定而民
> 有轨矣。有道之君者，善明设法而不以私防者也。而无道之
> 君，既已设法，则舍法而行私者也。为人上者释法而行私，
> 则为人臣者援私以为公。公道不违，则是私道不违者也。
> 行公道而托其私焉，寝久而不知，奸心得无积乎？奸心之
> 积也，其大者有侵偪弑杀上之祸，其小者有比周内争之乱。
> 此其所以然者，由主德不立，而国无常法也。主德不立，则
> 妇人能食其意；国无常法，则大臣敢侵其势。大臣假于女之
> 能，以规主情；妇人嬖宠，假于男之知，以援外权。于是乎
> 外夫人而危太子，兵乱内作，以召外寇。此危君之征也。[①]

管子说：区别上下关系，厘正君臣职分，就称为"理"，
顺应"理"而没有过失，就称为"道"。君主的道德确立，百
姓就有轨道可以遵循。有道的君主，善于明白设立法制而不
因私心对抗；无道的君主，在法制设立之后，常常舍弃法制
而谋取私利。做君主的抛弃法制而谋取私利，做臣子的就援

---

① （明）刘绩补注：《管子补注》卷 10《君臣上》，第 207—208 页。

引私利而当作公道。所谓不违背公道，也就变成了不违背私利。表面推行公道而实质寄托私利，时间长了不被发现，奸邪之心能不累积起来吗？奸邪之心日渐累积，大的会招来犯上杀君的祸患，小的也会造成钩心斗角的内乱。之所以会形成这种后果，在于君主德行不能树立，国家法制没有权威。君主德行不能树立，连妇人也能窥测他的意图；国家法制没有权威，连大臣也敢侵夺他的权势。大臣利用妇人的才能来刺探君主的心思，受宠幸的妇人利用大臣的智谋来引入宫外的势力，这样就会导致废除夫人和危及太子。国内发生兵变，由此引来外敌。这些都是危害君主的征兆。

　　"别交"，是指区别上下级交往的规范。君臣有别，当然不能平起平坐。"正分"，是指纠正君臣各自的名分，也叫作理。遵循道理，确立道德规范秩序，民众做事就有规矩可循。有道的君主习惯明确法度，而不是靠手段伎俩去防备臣下。如果虽然表面上制定了制度和规矩，但实际上另有一套私下的"潜规则"，这样做的就是无道的君主。作为君主，抛弃法度而行私权，下面的人就会假公济私、拉帮结派、争权夺利，甚至最终野心膨胀，另立君主，篡夺政权。"此其所以然者，由主德不立，而国无常法也。"[1] 这种"亡国乱政"情况，在中国历代王朝屡见不鲜。之所以造成这种局面，就在

---

　　① （明）刘绩补注：《管子补注》卷10《君臣上》，第208页。

于君主失德，国家缺法。至此，管子所指的国家祸乱的根源即是在君主本身。在《管子·君臣下》中，管子也表达过同样的意思：

> 夫君人者有大过，臣人者有大罪。国所有也，民所君也，有国君民而使民所恶制之，此一过也。民有三务，不布其民，非其民也。民非其民，则不可以守战。此君人者二过也。夫臣人者，受君高爵重禄，治大官，倍其官，遗其事，穆君之色，从其欲，阿而胜之，此臣人之大罪也。君有过而不改，谓之倒；臣当罪而不诛，谓之乱。君为倒君，臣为乱臣，国家之衰也，可坐而待之。是故有道之君者执本，相执要，大夫执法以牧其群臣，群臣尽智竭力，以役其上。四守者得则治，易则乱。故不可不明设而守固。昔者，圣王本厚民生，审知祸福之所生。是故慎小事微，违非索辨以根之。然则躁作、奸邪、伪诈之人，不敢试也。此礼正民之道也。①

做君主的有大过错，做臣子的会有大罪行。国家为君主所有，百姓受君主所治，拥有国家、统治百姓，却使百姓受所憎恶之人的管制，这是君主的第一个过错。百姓有春、夏、秋三季农事，君主不及时发布政令而耽误了农时，使百姓不成其为百姓，这样也不可能执行守卫或征战的任务，这是君主的第二个过错。臣子领受了君主赐予的高贵爵位和优厚俸

---

① （明）刘绩补注：《管子补注》卷10《君臣下》，第217—218页。

禄，担任了大官，却背弃自己的职守，丢下自己的职事，一味取悦君主的颜色，顺从君主的私欲，巧言令色奉承君主进而控制君主，这是臣子最大的罪行。君主有过错而不改正，称为"倒"；臣子有罪行而不诛杀，称为"乱"。君主成了"倒君"，臣子成了"乱臣"，国家的衰亡马上就会到来。因此有道的君主要执掌治国的根本，宰相要执掌治国的纲要，大夫则执掌具体的法令，来统治好所有臣下，臣下则要竭尽智谋和才力来侍奉君主。做到这四项职守，国家就能治理，毁弃了国家就会混乱，因而不可不明确规定和严格遵守。古时候，圣王将提高百姓生活作为治理天下的根本，慎重地了解祸福产生的原因。因而对于关涉民生的微小事情也谨慎对待、认真办理，并努力辨明是非，追根穷源。这样，那些躁进、奸邪、伪诈的小人就不敢乱法作恶。这就是制定礼法匡正百姓的方法。

在管子看来，君主和大臣都可能犯错。对君主来说，所用非人，政治腐败，这是第一大过错。不发展经济，不全心全意为人民服务，这是第二大过错。对大臣来说，君主给你高官厚禄，委以重任，结果你却背弃职责，撒手不管，只知道揣摩上意，讨好君主，纵容其声色犬马，靠阿谀奉承而取信，这是臣子的大罪。君主有罪过而不改，叫作"倒"。大臣有罪过而不杀，叫作"乱"。君臣如此，国家的衰亡自然就可以预见。只有君主抓根本，宰相握纲要，官吏尽职尽责，民众勤奋生产，国家才会稳定，社会才能进步。

至于怎样才能拨乱反正，实现国家大治，管子在《明法》篇中就说得更为具体了：

所谓治国者，主道明也。所谓乱国者，臣术胜也。夫尊君卑臣，非计亲也，以执胜也。百官识，非惠也，刑罚必也。故君臣共道则乱，专授则失。夫国有四亡：令求不出谓之灭，出而道留谓之拥，下情求不上通谓之塞，下情上而道止谓之侵：故夫灭、侵、塞、拥之所生，从法之不立也。是故先王之治国也，不淫意于法之外，不为惠于法之内也。动无非法者，所以禁过而外私也。威不两错，政不二门，以法治国则举错而已。是故有法度之制者，不可巧以诈伪；有权衡之称者，不可欺以轻重；有寻丈之数者，不可差以长短。今主释法以誉进能，则臣离上而下比周矣；以党举官，则民务交而不求用矣。是故官之失其治也，是主以誉为赏，以毁为罚也。然则喜赏恶罚之人，离公道而行私术矣。比周以相为匿，是忘生死交，以进其誉。故交众者誉多，外内朋党，虽有大奸，其蔽主多矣。是以忠臣死于非罪，而邪臣起于非功。所死者非罪，所起者非功也，然则为人臣者重私而轻公矣。十至私人之门，不一至于庭；百虑其家，不一图其国。属数虽众，非以尊君也；百官虽具，非以任国也，此之谓国无人。国无人者，非朝臣之衰也，家与家务于相益，不务尊君也；大臣务相贵，而不任国；小臣持禄养交，而不以官为事，故官失其能。是故先王之治国也，使法择人，不自举也；使法量功，不自度也。故能匿而不可蔽，败而不可饰

也；誉者不能进，而诽者不能退也。然则君臣之间明别，明
别则易治也。主虽不身下为，而守法为之可也。①

　　所谓安定的国家，是因为君道显明；所谓动乱的国家，是
因为大臣专权代替了君道。臣子以君主为高贵而自以为卑下，
并非臣子对君主亲善，而是君主的权势压倒了臣子。百官奉法
供职，并非因为君主对臣子有恩惠，而是因为施行刑罚的结
果。所以君道和臣道混淆，国家就会发生混乱；君主把权力
授给臣子，就有亡国丧身之祸。国家的危亡有四种表现：政
令在朝廷里发不出去叫作灭，政令发出而在中途滞留叫作拥，
下情不能向上反映叫作塞，下情向上反映而在中途受阻叫作
侵。灭、侵、塞、拥这类情况的发生，是由于法制没有确立
的缘故。因此先王治理国家，在法度之外不再多考虑人治，
在法度之内严禁另行私惠。大凡行动无非就是执行法度，以
之用来禁止过错和排除私术。天无二日，民无二主。君权不
能授予两人，政令不能出自两门，以法治国只是运用法度而
已。因此有了法度的规定，就不能用诈伪来行骗；有了权衡
的称量，就不能用轻重来相欺；有了寻丈的计数，就不会有
长短的差错。如今君主如果放弃法度而用空头名声进用人，
那么臣子就背离君主而在下面结党营私；君主如果听信朋党
之言而举用官吏，那么臣下就会专务结交朋党而不追求治理

① （明）刘绩补注：《管子补注》卷15《明法》，第324—326页。

的实绩。因此，官吏失去治理的权力，这正是君主按空名行赏、依毁谤惩罚的结果。这样喜得赏赐而厌恶受罚的人，就会背离公法而行徇私情。人们结党营私而作奸，君主就会被蒙蔽。如果忠臣常常无罪而被杀，奸臣常常无功而起家。被杀的人无罪，起家的人无功。这样，做人臣的也就都重视私交而轻视公法了。他们会因私欲奔走于私家的豪门，而不到朝廷上来秉公办事。这样，君主的属臣数量虽然众多，却都不是用来敬奉君主的；百官虽然具备，却都不是为了承担国事的，这叫作国家无人。国家无人，并非朝臣大减，而是私家间相互求得发展，却不敬奉君主；大臣们相互求得器重，却不承担国事；小臣们拿着俸禄培养私交，却也不把官职当作大事，所以官职就丧失了它的职能。因此明君治理国家，使用法度选择人才，不私自推举；使用法度衡量功绩，不私自度量。因此智能之士不被埋没，不肖之徒也不能伪饰；有空头名誉的人不能进用，而遭诽谤的人也不会废退。这样君主臣下的权势就有了明显的区别，有了明显的区别国家就容易治理了。君主虽不亲自到下面办事，坚持法度办事就可以了。由此可见，管子认为国家的治乱之道的关键在于君主能否独掌大权，以法度治国；在于君主是否能正确用人、秉公办事；在于君主能否以法度监督奖惩臣下尽职尽责；在于君主能否真正防范好"灭、侵、塞、壅"这四种危情。以法治国，不在法律范围外考虑问题，不在法外问题上施加恩惠。只有这样，才能够杜绝官吏过错，让他们控制私欲，尽职尽责做好自己的工作。这就是管子所谓防范国家与政治发生祸乱的办法。

5. 治乱在主

管子说："治官化民，其要在上。"[①]也就是说，治乱的关键在君主的治理之法是否得当。对此《管子》一书中有较为详细的论述：

> 为人君者，坐万物之原，而官诸生之职者也。选贤论材，而待之以法。举而得其人，坐而收，其福不可胜收也。官不胜任，奔走而奉，其败事不可胜救也。而国未尝乏于胜任之士，上之明适不足以知之。是以明君审知胜任之臣者也。故曰：主道得，贤材遂，百姓治。治乱在主而已矣。[②]

做君主要执掌万物的本原，而授予众人不同的职事。选拔贤能，考论才干，依照法度来对待奖惩诸事。如果举用人才得当，就能坐收其利，带来的福佑亦没有穷尽。如果所用之人不能胜任，即使奔走救弊，因此所导致的败局也难以挽回。国家实际并不缺少胜任职事的人才，只是君主的眼光还不能察觉，因此英明的君主要审慎地察觉那些胜任职事的臣子。所以说，君子审察人才，贤能发挥才干，百姓得以治理。国家治乱的关键在于君主。

---

① （明）刘绩补注：《管子补注》卷10《君臣上》，第207页。
② （明）刘绩补注：《管子补注》卷10《君臣上》，第207页。

6. 君臣各自角色定位

如何正确处理君臣关系是管子政治学说中的一个重要部分。管子的领袖之道就是帮助齐桓公全面实现强君、强国和争霸诸侯。管子所论的君臣关系，也就是统治集团内部的关系，主要是讲国君对百官的驾驭管理，即所谓"为人上者，制群臣百姓，通中央之人和"[①]也。这些内容主要集中在《心术》《君臣》等篇章中。

《管子》说：

> 心之在体，君之位也；九窍之有职，官之分也。心处其道，九窍循理。嗜欲充益，目不见色，耳不闻声。故曰：上离其道，下失其事。毋代马走，使尽其力；毋代鸟飞，使弊其羽翼；毋先物动，以观其则。动则失位，静乃自得。[②]

心在人体之中，正像国君的地位；九窍的功能，正像百官的职能各有区分。心以道相处，九窍就能按各自的功能起作用。心里充满嗜好和欲望，眼就不能看见色彩，耳就听不到声音。所以说，君臣要各司其职。君主背离了道，臣下就失去了职事。不要代替马去跑，要使马能尽自己的力；不要代鸟去飞，要使鸟能增强自己的羽翼；不要先于物而动，以便观察物的发展规律。动就失去了君主的位置，静才能自有所得。

---

① （明）刘绩补注：《管子补注》卷 11《君臣下》，第 218 页。
② （明）刘绩补注：《管子补注》卷 13《心术上》，第 275 页。

古人以心为思维的器官，是身体其他器官的主宰。管子把君主比作心，把百官比作九窍，以此来说明君臣关系在治国理政中各自的角色与地位，这就是所谓"心术者无为而制窍者也"①。

君主的角色与地位，就像心在人体中的角色与地位一样，是统揽全局、掌握"道"、掌握大方向的。百官的角色与地位，就像人身上的器官，是各司其职、做具体工作的。那么君主、领导人应该怎么做呢？"无为而制窍者也。""无为而治"不是不治、不作为，而是要抓大放小，做好方向引领与决策正确即可，具体事务让下面的文武百官去辛劳与操作，所谓"主逸臣劳"。这就需要君主有一套办法去"制九窍"，去驾驭臣属。《君臣上》《君臣下》等篇章就是具体告诉统治者这套办法的。管子称之为"心术"，其实就是统治术。这套统治术无非围绕一个"势"字，教君主如何守势、借势、造势、用势，以势驾驭好臣属，从而达到治国理政的最佳效果。

7. 智慧的君臣相处之道

管子认为：

第一，智慧的君主相处之道就是君臣要做好本职之内的事情，而不要超越自己的职务分工范围。

---

① （明）刘绩补注：《管子补注》卷13《心术上》，第278页。

　　为人君者，修官上之道，而不言其中；为人臣者，比官中之事，而不言其外。君道不明，则受令者疑；权度不一，则修义者惑。民有疑惑贰豫之心而上不能匡，则百姓之与间，犹揭表而令之止也。是故能象其道于国家，加之于百姓，而足以饰官化下者，明君也。能上尽言于主，下致力于民，而足以修义从令者，忠臣也。上惠其道，下敦其业，上下相希，若望参表，则邪者可知也。①

　　做君主的要研究总领百官的方法，而不去插手百官的具体权责；做臣子的要做好本职范围内的事情，而不要超越自己的职务范围。君主的原则不明确，接受命令的人就有疑虑；权限法度不统一，遵循法度的人就有迷惑。百姓有了疑惑犹豫的心理，而君主又不能清除，那么百姓与君主之间就隔碍难通，就像举标告示却又下令制止一样。因而，能有一套治国、治官、治民的方法，用来达到整饬百官、教化下民的，就称得上明君。能上对君主尽言，下对百姓尽力，做到遵循法度、服从政令的，就称得上忠臣。君上依从为君的原则，臣下勤于为臣的职责，上下相互监督，就像望着标杆来检测日影一样，曲邪不正的就可一目了然地加以辨别与排除。

　　第二，做君主的，最贵重的是号令；做臣子的，最珍惜的是才力。

---

　　①　（明）刘绩补注：《管子补注》卷13《心术上》，第202—203页。

是故君人也者，无贵如其言；臣人也者，无爱如其力；言下力上，而臣主之道毕矣。是故主画之，相守之；相画之，官守之；官画之，民役之；则又有符节、印玺、典法、策籍以相揆也。此明公道而灭奸伪之术也。①

做君主的，最贵重的是号令；做臣子的，最珍惜的是才力。对下颁布号令，对上贡献才力，君主、臣子的关系就完全了。因此君主谋划，宰相执行；宰相谋划，官吏执行；官吏谋划，百姓服役；又用符节、印玺、典法、策籍进行管理。这些就是阐明公道、杜绝奸伪的方法。

第三，考评才能，衡量德行，举拔使用，这是君主的职责；一心一意，谨守职务，不生疑惑，完成任务，这是臣子的职事。

论材量能，谋德而举之，上之道也；专意一心，守职而不劳，下之事。为人君者，下及官中之事，则有司不任；为人臣者，上共专于上，则人主失威。是故有道之君，正其德以莅民，而不言智能聪明。智能聪明者，下之职也；所以用智能聪明者，上之道也。上之人明其道，下之人守其职，上下之分不同任，而复合为一体。②

① （明）刘绩补注：《管子补注》卷10《君臣上》，第205—206页。
② （明）刘绩补注：《管子补注》卷10《君臣上》，第206页。

考评才能，衡量德行，举拔使用，这是君主的职责；一心一意，谨守职务，不生疑惑，完成任务，这是臣子的职事。君主向下干涉了臣子的职事，有关官吏就无法负责；臣子向上侵夺了君主的权力，君主就失去威严。因此掌握了君道的君主，总是端正自己的德行来君临百姓，而不耍弄自己的智能聪明。因为运用智能聪明为君主出力，是臣下的职事；而使用智能聪明的臣子，是君上的职责。君上明确自己的职责，臣下谨守自己的职事，上下职分不同，各有其任，而又复合为一个整体，这样才能治理好国家。

第四，控制官吏，教化百姓，关键在君主。

> 主身者，正德之本也；官治者，耳目之制也。身立而民化，德正而官治。治官化民，其要在上。是故君子不求于民。是以上及下之事谓之矫，下及上之事谓之胜。为上而矫，悖也；为下而胜，逆也。国家有悖逆反迕之行，有土主民者，失其纪也。[①]

管子说："君主自身是端正德行的根本，官吏受制于君就如耳目受制于心。君主立身，百姓受教化；德行端正，官吏得控制。控制官吏，教化百姓，关键在君主，因而君主不向百姓求助。所以君上干涉臣下之事称作违背君道，臣下干预君上之事称作凌驾君主。君主违背君道是悖谬，臣下凌驾君

---

① （明）刘绩补注：《管子补注》卷10《君臣上》，第207页。

主是叛逆。国家如果发生悖谬叛逆的行为，就说明君主治理国家失去了纲纪。"

第五，"道德出于君，制令传于相，事业程于官。"

> 夫为人君者，荫德于人者也；为人臣者，仰生于上者也。为人上者，量功而食之以足；为人臣者，受任而处之以教。布政有均，民足于产，则国家丰矣。以劳授禄，则民不幸生。刑罚不颇，则下无怨心。名正分明，则民不惑于道。道也者，上之所以道民也。是故道德出于君，制令传于相，事业程于官，百姓之力也，胥令而动者也。[①]

做君主的就要用德政来造福百姓，做臣子的就要仰仗君主而生存。君主要考量功绩，公正地给予俸禄；臣子要接受任命，恭敬地履行职责。君主施政均平，百姓产业丰足，国家就可富裕。依据劳绩授予俸禄，百姓就不会侥幸偷生。刑罚公正不偏，百姓就没有怨恨之心。刑名端正，职责分明，百姓对君主的治国之道就不会疑惑。所谓道，就是君主用来导引百姓的方法。因此，德政出自君主，制度法令由宰相传布，各项事业由官吏考核，百姓的力量就是等待君主的号令而付诸行动。

---

① （明）刘绩补注：《管子补注》卷10《君臣上》，第205页。

8. 君主最应防范的两种危险

古者有二言:"墙有耳,伏寇在侧。"墙有耳者,微谋外泄之谓也。伏寇在侧者,沈疑得民之道也。微谋之泄也,狡妇袭主之请,而资游罴也。沉疑之得民也者,前贵而后贱者为之驱也。明君在上,便僻不能食其意,刑罚巫近也;大臣不能侵其势,比党者诛,明也。为人君者,能远谗谄,废比党,淫悖行食之徒无爵列于朝者,此止诈、拘奸、厚国、存身之道也。①

古时候有两句话:"墙上有耳朵,身旁有暗藏的敌人。"墙上有耳朵,是说机密的谋划会被泄露;身旁有暗藏的敌人,是说阴险僭越的大臣会得民心。机密的谋划被泄露,是由于狡猾的妇人刺探君主的内情,去帮助奸邪之徒;阴险僭越的大臣得民心,是由于那些先前贵幸后来失宠低贱的人愿被他驱使。英明的君主在位,宠幸的近臣不能伺察他的心思,这是因为刑罚先加于近臣;掌权的大臣不能侵夺君主的权势,这是因为结党营私者必被诛杀是明白无疑的。做君主的,能做到斥退谗佞谄媚之流,废除结党营私之辈,淫邪悖逆的游食之徒就不会混入朝廷大臣之列,这就是防止伪诈、限制奸邪、巩固国家、保全自身的方法。

---

① (明)刘绩补注:《管子补注》卷11《君臣下》,第218页。

　　管子认为，君主是一国政治利益的核心和枢纽，所有臣子的聪明智慧都集中指向君主。所以，如果君主的个人好恶表现出来，就给臣下玩弄手段提供了凭借。在众多臣子的手段面前，君主很难有防范的能力。古时候，有两句话：一是"隔墙有耳"；二是"伏寇在侧"，祸患就潜伏在你的身边。"隔墙有耳"说的是非常机密的、只有很少几个人知道的谋划，被泄露出去了。"伏寇在侧"说的是那些善于欺诈的人往往狐假虎威，借君主的名义欺压老百姓，或者煽动民众对上不满而收买人心。

　　为什么会隔墙有耳呢？是因为君主身边的狡猾女人，偷听了君主的机密，通过泄密去帮助外面的奸细。也就是说，内外勾结，才会隔墙有耳。

　　为什么会"伏寇在侧"呢？是因为有那些破落户，那些从高位上跌落下来的失势之人，容易被有野心的权臣所驱使。

　　如果是明君的话，身边的这些嫔妃、太监、侍卫们就没法把他当傀儡。为什么？因为他对这些人绝不客气，如果身边有危害君主的情况，即使喜欢宠爱，也重罚不误。大臣不敢侵夺君主的威势，因为只要拉帮结派，就必死无疑。这些都明确地有言在先。君主能警惕身边的"在床""在旁""父兄""养殃"那些宵小之辈，权柄就不会旁落，法度既不会摈弃，君主也就没有丧失权柄与威势的祸患了。

9. 治理者准则

《管子》说:

> 错国于不倾之地,积于不涸之仓,藏于不竭之府,下令于流水之原,使民于不争之官,明必死之路,开必得之门,不为不可成,不求不可得,不处不可久,不行不可复。错国于不倾之地者,授有德也;积于不涸之仓者,务五谷也;藏于不竭之府者,养桑麻、育六畜也;下令于流水之原者,令顺民心也;使民于不争之官者,使各为其所长也;明必死之路者,严刑罚也;开必得之门者,信庆赏也;不为不可成者,量民力也;不求不可得者,不强民以其所恶也;不处不可久者,不偷取一世也;不行不可复者,不欺其民也。故授有德,则国安;务五谷,则食足;养桑麻、育六畜,则民富;令顺民心,则威令行;使民各为其所长,则用备;严刑罚,则民远邪;信庆赏,则民轻难;量民力,则事无不成;不强民以其所恶,则诈伪不生;不偷取一世,则民无怨心;不欺其民,则下亲其上。①

管子认为,治国理政者必须懂得和遵守如下准则:

(1)"错国于不倾之地者,授有德也。"

(2)"积于不涸之仓者,务五谷也。"

(3)"藏于不竭之府者,养桑麻、育六畜也。"

---

① （明）刘绩补注:《管子补注》卷1《牧民》,第6页。

（4）"下令于流水之原者，令顺民心也。"

（5）"使民于不争之官者，使各为其所长也。"

（6）"明必死之路者，严刑罚也。"

（7）"开必得之门者，信庆赏也。"

（8）"不为不可成者，量民力也。"

将国家建立在牢固的基础之上，将粮食积聚在取之不尽的粮仓中，将财富贮藏在用之不竭的府库里，将政令下达在水流的源头上，将百姓安置在互不相争的行业里，向百姓指明犯罪必死的道路，向百姓敞开有功必赏的大门，不从事不能成功的事业，不追求难以达到的目标，不留恋不能长久的利益，不去干不可重复的行为。将国家建立在牢固的基础之上，就要授政于有德行的人；将粮食积聚在取之不尽的粮仓中，就要致力于种植五谷；将财富贮藏在用之不竭的府库里，就要栽桑种麻、繁殖六畜；将政令下达在治理国家的源头上，是为了让政令顺应民心；将百姓安置在互不相争的行业里，是为了让他们发挥各自的特长；向百姓指明犯罪必死的道路，就要严格执行刑罚；向百姓敞开有功必赏的大门，就要及时兑现奖赏；不从事不能成功的事业，因为要度量百姓的承受能力；不追求难以达到的目标，因为不能用百姓厌恶的去勉强他们；不留恋不能长久的利益，因为不可只图一时的苟安；不去干不可重复的行为，因为不可欺骗自己的百姓。因此，授政于有德行的人，国家就安定；致力于种植五谷，粮食就充足；栽桑种麻、繁殖六畜，百姓就富裕；政令顺应民心，威信就树立；让百姓发挥各自的特长，器用就完备；严格执行刑罚，百姓就远避邪恶；及时兑现奖赏，百姓就不怕死难；度量民力而行，事业没有不成功的；不勉强人去做他所厌恶的事，欺诈虚伪就不会发生；不图一时的苟安，百姓就没有怨恨之心；不欺骗自己的百姓，百姓就会亲近自己的君主。

《管子》又说：

> 以家为乡，乡不可为也；以乡为国，国不可为也；以国为天下，天下不可为也。以家为家，以乡为乡，以国为国，以天下为天下。毋曰不同生，远者不听；毋曰不同乡，远者不行；毋曰不同国，远者不从。如地如天，何私何亲？如月如日，唯君之节。①

管子说："用治家的办法去治乡，乡不可能治理好；用治乡的办法去治国，国不可能治理好；用治国的办法去治天下，天下不可能治理好。要以治家的办法去治家，治乡的办法去治乡，治国的办法去治国，治天下的办法去治天下。不要因为不同姓，就不听取关系疏远者的意见；不要因为不同乡，就不采纳关系疏远者的建议；不要因为不同国，就不遵从关系疏远者的主张。君主治理天下的准则，就要不分亲疏，要像天地那样覆载万物，要像日月那样普照寰宇。"

---

① （明）刘绩补注：《管子补注》卷1《牧民》，第6页。

海纳百川，有容乃大。

作为一个领导人，就应该做到：对于国家有利的意见，就采纳；对于民众疾苦之事，就应当去关心。

政治家的目的与准则，就是要实现国家太平，政治清明，社会稳定，民众富裕，国家强大，步步扎实，使国家与政权建立在磐石的基础之上。

10. 君主治国用术的九条守则

《管子·九守》提出，君主治国，需要坚持九项守则，即主位、主明、主听、主赏、主问、主因、主周、主参、督名。

（1）主位。君主居于主宰地位的总则。

（2）主明。君主掌握明察事物的原则。

（3）主听。君主掌握听事、听政的原则。

（4）主赏。君主掌握刑、赏的原则。

（5）主问。君主掌握问事咨询的原则。

（6）主因。君主掌握部署任务的原则。

（7）主周。君主掌握保密的原则。

（8）主参。君主掌握参验考察的原则。

（9）督名。君主掌握审合形名的原则。

第一，"主位"。管子说："安徐而静，柔节先定，虚心平意以待须。"就是说，安定沉着、温和克制、虚心平气地对待臣下的谏说。君主做到这些，就是"主位"。

第二，"主明"。管子说："目贵明，耳贵聪，心贵智。以天下之目视则无不见也，以天下之耳听则无不闻也，以天下之心虑则无不知也。辐辏并进，则明不塞矣。"就是说：眼要看得清楚，耳要听得明白，心要智商高。使用天下人所有的眼睛来看就没有看不见的东西，使用天下人所有的耳朵来听就没有听不到的事情，使用天下人所有的心来思虑就没有理解不了的问题。集中天下人的智能去共同谋事，聪明就不会被蒙蔽了。君主做到这些，就是"主明"。

第三，主听。管子说："听之术曰：勿望而距，勿望而许。许之则失守，距之则闭塞。高山，仰之不可极也；深渊，度之不可测也。神明之德，正静其极也。"①就是说，君主听闻的方法是：不要一听到就轻易拒绝，不要一听到就轻易许可。轻易许可就会失去原则，轻易拒绝就会造成闭塞。要像高山那样，仰望它不能看到顶；要像深渊那样，测量它不能量到底。要像神明的德性那样，端正虚静是准则。君主做到这些，就是"主听"。

第四，主赏。管子说："用赏者贵诚，用刑者贵必。刑赏信必于耳目之所见，则其所不见，莫不暗化矣。诚，畅乎天地，通于神明，见奸伪也？②"管子说："使用赏赐贵在信实，使用刑罚贵在坚决。刑赏的信实坚决是在人们的耳目所能看到听到的，而它看不到的作用，在于没有人不被它潜移默化。信实，能畅行在天地之间，通达到神明的境界，更何况对奸邪的人们呢？"君主做到这些，就是"主赏"。

---

① （明）刘绩补注：《管子补注》卷 18《九守》，第 368—369 页。
② （明）刘绩补注：《管子补注》卷 18《九守》，第 369 页。

第五，"主问"。管子说："一曰天之，二曰地之，三曰人之。四曰上下左右前后，荧惑其处安在？^①"一是天道，二是地道，三是人道。君主如果四方上下、左右前后都咨询得清清楚楚，治国理政就不会发生太大的缺失。

第六，"主因"。管子说："心不为九窍，九窍治；君不为五官，五官治。为善者，君予之赏；为非者，君予之罚。君因其所以来，因而予之，则不劳矣。圣人因之，故能掌之。因之修理，故能长久。"^②心不代替九窍的功能，九窍就安定；君主不代替五官的职事，五官就安定。做得好的，君主就给予赏赐；做得坏的，君主就给予刑罚。君主依据他们的功过，因而给予赏罚，就不烦劳了。圣人因势利导，所以能掌管国家。因势利导能符合事理，所以能长久。君主做到这些，就是"主因"。

第七，"主周"。管子说："人主不可不周，人主不周则群臣下乱。寂乎其无端也，外内不通，安知所怨？关闭不开，善否无原。"^③君主不可不保密，君主不保密，群臣就在下面发生混乱。秘密地不见因由，内外不通，怎么会有怨恨呢？紧闭着嘴巴不开口，好坏的说法就无发源地。君主做到这些，就是"主周"。

---

① （明）刘绩补注：《管子补注》卷18《九守》，第369页。
② （明）刘绩补注：《管子补注》卷18《九守》，第369页。
③ （明）刘绩补注：《管子补注》卷18《九守》，第370页。

第八，"主参"。管子说："一曰长目，二曰飞耳，三曰树明。明知千里之外，隐微之中，曰动奸，奸动则变更矣。"[①]一是能看得远，二是能听得远，三是能做到明察。能清楚地了解千里之外，明察隐微之中的情况，便能洞察奸邪。奸邪能洞察到，动乱就能被制止了。君主做到这些，就是"主参"。

第九，"督名"。管子说："修名而督实，按实而定名。名实相生，反相为情。名实当则治，不当则乱。名生于实，实生于德，德生于理，理生于智，智生于当。"[②]根据名称来考察实际，按照实际来确定名称。名称和实际相互促进，反过来又相互作为根据。名实相称就安定，不相称就混乱。名称产生于实际，实际产生于道德，道德产生于理念，理念产生于智慧，智慧产生于名实相称。君主做到循名责实，就是"督名"。

---

① （明）刘绩补注：《管子补注》卷18《九守》，第370页。
② （明）刘绩补注：《管子补注》卷18《九守》，第370页。

结　语　管仲治国论

　　管仲作为辅佐齐桓公成就霸业的一代贤相，他的政治思想与治国政策很多是开古人之先河，内容丰富，见解独特，对齐国政治乃至中国历史均产生了较大的影响，值得人们不断深入挖掘与探讨。他的"通货积财，富国强兵"等政策，奠定了齐国在春秋时期称霸的基础。

一、临危受命，成为齐桓公的股肱重臣

　　管仲处于中国历史上的春秋时代，此时的齐国面临着这一时代所特有的诸多社会问题的困扰与挑战。在齐国，社会上出现了贫富分化现象，贵和贱的对立逐渐向富和贫的对立关系上转移。以传统贵族为代表的大土地所有者利用井田制遭到破坏的时机，肆意突破原来的封地范围，兼并土地，因而出现了耕地不均，农人迁徙逃亡的情况。面对下层民众的苦

难，齐国统治者却依旧陷入腐败内争之中。齐国在太公望治理下的短暂繁荣后，陷入了"中衰"。而严峻的列国形势却对衰败混乱的齐国提出了挑战。当时，周天子大权旁落，逐渐丧失了控制各诸侯国的权威和维护周天下统治秩序的能力。周边少数民族也开始频频挺进中原：北狄南下，西戎东进，南蛮北上，掠夺人口和财富，严重威胁着周王朝各诸侯国的安全。而这些国家中的绝大多数都无力抵御这场"夷狄"入侵中原的灾难。曾经一度"小霸"的郑国逐渐丧失了霸主地位，晋国长期处于内乱之中，秦国偏于西方，其他国家都比较弱小。只有齐国是西周初年分封的东方大国，土地广大，物产丰富，实力比较雄厚。严峻的形势要求齐国迅速从"中衰"中恢复过来，成就霸业，领导各诸侯国进行尊王攘夷、驱逐戎狄的斗争。管仲正是在这种国内外形势推动下走到历史前台的。

春秋中期，齐国是东方的大国和强国，但在齐襄公时，由于政治腐败，公室内乱不止，国力严重衰弱。齐襄公弟公子纠和公子小白在管仲和鲍叔牙保护下相继逃奔鲁国和莒国。后齐庄公之孙公孙无知杀齐襄公自立。公孙无知即位不久被杀，公子纠和公子小白争夺君位。公元前685年，齐桓公继位，欲以鲍叔牙为相。鲍叔牙和管仲私交甚笃，深知管仲之才，极力推荐管仲为相。在鲍叔牙一再请求下，齐桓公终于听取了鲍叔牙的意见从鲁国接回管仲，并加以重用。从此，管仲相齐，四十年间，通货积财，冠带天下，一举而致富民强国，使齐国一跃而成为当时列国诸候之盟首，建立霸业直至一匡天下。

管仲治齐，大致经历了三个发展阶段。第一阶段，公元前685年，从管仲拜相至公元前679年。这一阶段，管仲辅佐齐桓公实施国内改革，在全国划分政区，组织军事编制，设官吏管理；建立选拔人才制度，士经三审选，可为"上卿之赞"；调查土地，分等征收农业税，禁止贵族掠夺私产；发展盐铁业，铸造货币，调剂物价；"仲轻重鱼盐之利，以赡贫穷，禄贤能，齐人皆说（悦）"，齐国国力迅速上升。第二阶段，公元前679年至公元前657年，这一时期管仲推行"尊王攘夷"战略，走出海岱大地，迈向列国空间，加强齐国与周天子以及各个诸侯国之间的联系，广泛结盟，提升齐国在诸侯国之间的地位，诸侯国纷纷与齐国结盟，寻求庇护，齐桓公霸业初成。第三阶段，公元前658年至公元前645年管仲病逝，管仲把"尊王攘夷"战略实施到淮河流域诸侯国，采用"弱强继绝"的战略，深化发展"尊王攘夷"路线。在此期间，管仲政治上坚持拥护周王室的立场，坚持维护周王朝的宗法制度，扶持周王室，扶持弱小诸侯国，遏制和削弱"亢强"的诸侯国及北方"夷狄"的南侵，借以扩大诸侯国的联盟，最终确立了齐国在春秋初期的霸主地位。

二、制定与实施富国强民的经济发展战略

相齐期间，管仲进行了一系列的社会经济改革。在这些改革中，管仲将经济发展放在国家治理中的优先地位，以富民强国作为改革的重点。司马迁说："管仲既任政相齐，以区区之齐在海滨，通货积财，富国强兵。"[①] 经过管仲的努力，齐国迅速发展成为当时东方的强国，为齐桓公称霸奠定了坚实的基础。

第一，发展农业，减轻农民负担。

治理齐国期间，管仲积极鼓励发展农业生产，同时注意减轻民众的负担。在《管子·牧民》中，管仲首先提到"凡有地牧民者务在四时，守在仓廪。国多财则远者来，地辟举则民留处。仓廪实则知礼节，衣食足则知荣辱"[②]。只有大量开荒，扩大耕地，增加农业产出和粮食储备，才能富国强兵，才能吸引更多的外来人口。在经济改革过程中，管仲参照周朝的井田制，恢复并强化了齐国受到破坏的授田制度，采取了"正地"和修治经界等措施，以保证授田的"平均和调"。为了提高农民的生产积极性，管仲还制定了"相地而衰征"[③]和"赋禄以粟，案田而税"的政策。以土地的肥沃贫瘠，分

---

① （汉）司马迁撰：《史记》卷62《管晏列传》，第2132页。
② （明）刘绩补注：《管子补注》卷1《牧民》，第4页。
③ 童书业著：《春秋史料集》《国语·齐语》，第153页。

别等级征收田赋，并且规定"二岁而税一，上年什取三，中年什取二，下年什取一。岁饥不税。岁饥弛而税"①，让农民依照粮食收成丰歉缴纳赋税，还规定每二年缴纳一次，遇到荒年可以不缴纳。这一赋税改革，较之不论土地肥瘠，也不管年成丰歉，每年必须按田亩数缴纳赋税的办法，农民负担显然要大大减轻。

不仅如此，管仲还规定征发劳役不妨碍农耕的时令，不掠夺农民的家畜。尤其是在农忙季节，他要求保证有足够的人力、物力用于农业生产。管仲特别强调："山林虽广，草木虽美，禁发必有时；国虽充盈，金玉虽多，宫室必有度；江海虽广，池泽虽博，鱼鳖虽多，罔罟必有正，船网不可一财而成也。非私草木爱鱼鳖也，恶废民于生谷也。"②这些措施减轻了农民负担，保障了农民生活趋于安定，这无疑有利于齐国农业生产的恢复和发展。

第二，对内搞活，对外开放，大力发展工商业。

管仲发展工商业的措施主要集中以下几个方面：（1）使四民分业定居。即士农工商各有其居住区，不许迁徙，不许杂处，职业世代相传。（2）放宽商业税收，发展商业贸易。其中，最重要的就是免征商业贸易税，鼓励发展工商业。（3）招徕外商，对国外来商采取一系列优惠政策。积极开展对外

---

① （明）刘绩补注：《管子补注》卷7《大匡》，第136页。
② （明）刘绩补注：《管子补注》卷5《八观》，第90页。

贸易、以"来天下之财"。（4）"官山海"，由国家占有并经营自然资源的开发利用。（5）禁止雕木镂金和华丽锦绣等奢侈品的生产。去掉"无用"之业，改变"侈国之俗"。在传统农业社会中，统治者往往采取重农抑商的政策，管仲则认识到了工商业对于强大国家经济的重要性，重视发展工商业，这是一个十分了不起的政治智慧。

三、以法治国，"君臣上下贵贱皆从法"

在治国理政的实践中，管仲对法治的重要作用有充分的认识并切实在政治生活中得到了贯彻落实。

第一，在国家治理中，管仲首倡"治民之本，莫要于令"①的理念。在君主"一言九鼎"的人治社会，尽管当时宗法制度还占着统治地位，法治尚处于萌芽时期，但管仲在治国的实践中已经对法治的重要作用有了充分的认识。《管子·明法》就有"法者，天下之程式也，万事之仪表也"②之说。《管子·任法》载："法者不可不恒也，存亡治乱之所从出，圣君所以为天下大仪也。"③《管子·法禁》中有："君壹置其仪，

---

① （宋）叶适撰：《习学记言》卷45《管子》，王廷治整理，大象出版社2019年版，第270页。

② （明）刘绩补注：《管子补注》卷21《明法》，第419页。

③ （明）刘绩补注：《管子补注》卷15《任法》，第319页。

则百官守其法；上明陈其制，则下皆会其度矣。"① 在这里仪与法、制与度对举，强调君主治国要以法律、制度为准则。对于法治的重要性，《管子·法法》中有："规矩者，方圆之正也；虽有巧目利手，不如拙规矩之正方圆也。故巧者能生规矩，不能废规矩而正方圆，虽圣人能生法，不能废法而治国。故虽有明智高行，倍法而治，是废规矩而正方圆也。"②因此，管仲主张"任法不任智"，"不失其法然后治"，法治应该是治国的重要手段和规范，是成就事业、维护秩序的基本依据。《管子·君臣上》中有："治国无法，则民朋党而下比，饰巧以成其私。法制有常，则民不散而上合，竭情以纳其忠。"③认为治国重在治民，治民在于用法。无法，人们就会拉帮结派而在下面相互勾结，搞虚伪巧诈以求得个人的私利。有法，并且法治行之有术，人们就不会分帮分派而会靠近君主，全心全意贡献其忠诚。"立朝廷者""用民力者""用民能者""用民之死命者"，概出于法。以法治民，民治而国安，说明当时管仲对于治理民众、管理国家的手段有了较为深刻的理解和认识，他将这种以法治国的治国方略应用到了治理齐国的实践中，从而使齐国取得了号令一致的效果，一跃而成为当时的强国。

---

① （明）刘绩补注：《管子补注》卷 5《法禁》，第 94 页。
② （明）刘绩补注：《管子补注》卷 6《法法》，第 110 页。
③ （明）刘绩补注：《管子补注》卷 10《君臣上》，第 206—207 页。

第二，在国家治理中，管仲提出并贯彻"君臣、上下、贵贱皆从法"的主张。

《管子·任法》说："夫生法者，君也；守法者，臣也；法于法者，民也。君臣、上下、贵贱皆从法，此谓为大治。"①在实践中，管仲认为民足国富则天下大治，经济实力增强是社会政治安定的基础，与经济上"富治"思想相适应，政治上则要推行"法治"。"富治"与"法治"相互联系、相互作用。"富治"是"法治"的前提和基础，"法治"则是富治的重要保证。对于政治上的以法理政手段，管仲注意总结历史经验。《管子·任法》中有："昔者尧之治天下也……其民引之而来，推之而往，使之而成，禁之而止。故尧之治也，善明法禁之令而已矣。黄帝之治天下也，其民不引而来，不推而往，不使而成，不禁而止。故黄帝之治也，置法而不变，使民安其法者也。"这里从古之圣贤之君的治国之道中总结出了"所谓仁义礼乐者，皆出于法，此先圣之所以一民者也"②。也就是说所谓的仁义礼乐，都是从法理中产生出来的，法是先圣用来统一民众行动的。国法废弛不统一是国君的不祥。民众不守法，国家擅改法度，不依法办事都是不祥的。管子从历史的角度为以法治国找到了理论依据，也确定了在政治实践中必须坚持依法理政的正确原则。

---

① （明）刘绩补注：《管子补注》卷 15《任法》，第 321 页。

② （明）刘绩补注：《管子补注》卷 15《任法》，第 319 页。

第三，管仲在治理齐国的实践中提出并贯彻"严其行"的执法理论。

管仲认为，法是"王者典器""百姓之父母"，在以法治国的实践中要做到"法不轻出，立则必行"。行法必须自上始。君主是国家的象征，具有至尊的地位；法是君主治国的大宝，发挥"兴功惧暴""定分止争"的社会功能。虽然君是法的制定者，但在为政行法时也必须以身作则，要做到"置法以自治，立仪以自政"，而不能"淫意于法之外"或"惠于法之内"①。如果君主视法令为儿戏，即立又废，发出又收回，歪曲公法而迁就私意，毁坏政令而残缺不全，就会招致权贵威胁、富人贿赂、贱人讨好、近臣亲服、美色迷惑，从而走上失国的歧途。所以君主在执法问题上要做到大公无私、一视同仁，行法要不论亲疏、不分远近。不仅如此，执法、守法还应该从近臣和显贵们做起。管仲认为，凡民皆从上，君主好勇则民众轻死，君主好仁则民众轻财，且"上之所好，民必甚焉"，所以，国家治乱的根源在上边。统治者必须做到"令重于宝，社稷先于亲戚，法重于民，威权贵于爵禄"②。否则，上不行，则下不从，民不从法则国必乱。

第四，除了以法治国，管仲也很重视礼治在执法中的补充作用。

---

① （明）刘绩补注：《管子补注》卷15《明法》，第325页。
② （明）刘绩补注：《管子补注》卷6《法法》，第109页。

　　管仲提出"严其行"的执法理论，但并不排斥礼治在执法过程中的重要性。一方面，管仲认为治理国家要靠法治，"令贵于宝""法爱于人""论功计劳未尝失法律也"[①]。另一方面，他也知道在现实政治的实践中，只靠赏功罚罪是不够的，因为"刑罚不足以畏其意，杀戮不足以服其心"[②]。所以还必须借助道德教化的力量，使人们自觉遵纪守法。与法家极力反对以德治国不同，管仲提出了礼法相辅的教化观，开创了"四维"说。管仲认为道德品质教育对治理国家有重要作用，指出礼、义、廉、耻，国之四维，"四维不张，国乃灭亡"。[③]《管子·权修》中说："朝廷不肃，贵贱不明，长幼不分，度量不审，衣服无等，上下凌节，而求百姓之尊主政令，不可得也。"[④] 可见，礼对于维护君主的权威、保证政令的推行起着非常重要的作用。与"四维"相对应，管仲在《管子·七法》中将"常令""刑法"等法治手段称为"四经"。这种"经"与"维"结合、礼与法相辅的思想，是管仲治理国家政略中的又一个亮点。

---

① （明）刘绩补注：《管子补注》卷 2《七法》，第 36 页。
② （明）刘绩补注：《管子补注》卷 1《牧民》，第 5 页。
③ （明）刘绩补注：《管子补注》卷 1《管子补注》，第 1 页。
④ （明）刘绩补注：《管子补注》卷 1《权修》，第 16 页。

四、尊王攘夷，辅佐齐桓公成就齐国霸业

管仲任相后，辅佐齐桓公对内施行各种政治、经济、军事、教育等方面改革，使得齐国迅速强大起来，再次跻身于春秋时期的强国地位。为了谋求齐国在列国舞台上的政治地位，管仲制定"尊王攘夷""弱弱继绝"的外交战略，捍卫周王室的"共主"地位，阻遏北方夷狄的南犯，打击楚国北侵淮河流域、问鼎中原的嚣张气焰。

春秋时期，王室式微，周天子的统治权威不断衰弱，天下共主局面已经成为一种形式，诸侯国纷纷崛起，新的政治社会局势成为管仲实行与调整"尊王攘夷""弱弱继绝"战略转变的历史依据。

周平王至襄王在位，史家谓之春秋前期，政治格局开始发生变化。春秋初年，周天子还有些威信，自鲁桓公五年（公元前 707 年）"周郑交恶"，周桓王聚集蔡、卫、陈等国兵力伐郑失败，郑国将领"祝聃射王中肩"，蔡、卫、陈转而依附郑国，周王室威望扫地，一蹶不振，从此，大多数诸侯国不再受制于周王室。诸侯国之间频频发生以强凌弱、你侵我夺的不正常现象，力量弱小的诸侯国畏惧大国的欺凌，采取各种外交方式，寻求大国的庇护。大国欲争霸于其他大国，则会盟各诸侯国扩大势力。诸侯国相互争夺和寻求联盟，成为春秋时期社会历史发展的一个重要特征。淮河流域的诸侯

国，位于"天下之中，诸侯四通"，成为当时政治活跃的地区。这里列国并峙，纷争不休。黄淮之间，比较活跃的大国有齐、鲁、郑、宋、卫；小国有邢、遂、谭、纪等。靠近淮泗流域的齐、鲁、徐结盟较深，靠近淮河流域的郑、宋、卫结盟较深。鲁国附近还有任、宿、须句、颛臾等风姓小国。小国附属在各个大国一边。淮河中下游以及江淮地带，分布有徐、江、葛、黄、随、锤离、英、六、舒鸿等诸侯国，他们与诸夏通婚，政治上"即事诸夏"，参与会盟。在春秋争霸的历史进程中，不断受到南北诸侯大国挟制，政治上摇摆不定，或北盟于齐鲁，或南盟于楚吴。据《史记·楚世家》记载："齐桓公始霸，楚亦始大。"[①]楚成王在令尹子文的辅佐下，治理强盛，到楚庄王在位，武功彪炳，励精图治，选拔孙叔敖施行文治，使楚国经济繁荣、文化鼎盛。楚庄王征伐陆浑之戎，派人向周天子问九鼎之轻重。楚国先后灭掉了黄淮之间的申、息、邓等国，并伐黄服蔡，多次向郑国发动进攻。郑国位于黄淮地区北部，是齐国的亲密盟国，郑国接连遭遇楚国的军事进攻，支持不住，准备背齐向楚。在这种情况下，齐国如果再坐视不管，就将会示弱天下，失去盟友。齐楚矛盾渐渐明朗，齐国必须面对楚国这一强劲对手，齐楚争夺淮河流域的矛盾冲突已经不可避免。其实，周王室虽然衰

---

① （汉）司马迁撰：《史记》卷40《楚世家》，第1696页。

微，但名义上仍然是"天子"，是诸侯国的"共主"。管仲高举"尊王"的政治大旗，借以号令诸侯各国，坚持周公制定的封建宗法制度、礼乐制度；采取"攘夷"与"兴灭继绝"的战略，借以维护各诸侯国的地位，赢得诸侯国拥护，谋求取威定霸的大计。

管仲提出"弱强继绝"的外交战略，其实际上主要所指，就是要北拒夷狄的侵略，南弱楚国的势力，遏制楚国的锋芒。

期间，救邢、援卫、助郑、扶宋、伐蔡、讨楚，举行首止、蔡丘等会盟，先后帮助了三十多个小国，保护了周王朝太子郑的地位，拥立周襄王顺利继承王位。召集诸侯国兵车之会六次，乘车之会三次，九合诸侯，修钟磬而复乐，顺利建立了齐国在诸侯国中的霸主地位。

五、结　论

管仲相齐对齐国历史乃至中国历史均产生了较大的影响。

管仲治国理政的突出成绩表现在：（1）在经济上，改革井田制，实行"相地而衰征"的新赋税制度，发展农工商业，使齐国变成了当时在经济上特别是工商业最发达的国家，经济实力大大增强。（2）在政治上，实现了以法治国与以德治国的比较完美的结合。（3）在外交上，推行尊王攘夷的国策，在此基础上，齐"九合诸侯，一匡天下"。（4）在社会管理上，管仲将齐国分为二十一乡，按照士农工商四民分业安居原则划分工乡三，商乡三，士乡十五。（5）在军事上，建立军政合一制度，"作内政而寄军令"。不过，管仲改革的方式是管仲向齐桓公提出政治主张，通过齐桓公施加自己的政治抱负和影响，推进其政治、经济、军事与外交改革的，改革中体现的是一种"人治"精神，这与当时齐国的专制政体是相吻合的。管仲死后，尽管齐国"遵其政"，但齐国的社会危机仍然不可避免地日趋严重。迨至齐桓公后任统治时期，管仲改革遂告终止，齐的霸业也随之衰落了。

　　总的看来，管仲是春秋时期的政治家，也是中国历史上著名的改革家和思想家。他既是崇尚礼治的理想主义者，又是务实的政治家；他重视农业，又大力发展工商业，注重壮大齐国的经济实力；他对齐国行政制度和选官制度的改革，拉开了春秋时期中国由世袭贵族政治向官僚政治转变的帷幕，使齐国政治增加了活力。他的这些改革，对春秋时期的各国改革都有重要的影响。管仲在"尊王攘夷"的旗帜下，抵御戎狄内侵，保卫了中原先进文明。作为齐国的贤相，管仲倾毕生之精力，内行富国强兵之政道，外建"尊王攘夷"之伟业，无论是在维护华夏文化之统绪，还是在创造华夏文化之新质等方面，都作出了无与伦比之贡献。

附　录

一、主要参考书目

（汉）司马迁撰：《史记》，中华书局 1982 年版。

（汉）刘向撰，向宗鲁校正：《说苑校证》，中华书局 1987 年版。

（清）洪吉亮撰，季解民点校：《春秋左传诂》，中华书局 1987 年版。

（清）孙星洐撰，陈抗、盛冬铃点校：《尚书今古文注疏》，中华书局 2004 年版。

（清）阮元校刻：《十三经注疏》，中华书局 2009 年版。

（明）刘绩补注，姜涛点校：《管子补注》，凤凰出版社 2016 年版。

郭沫若、闻一多、许维遹校撰：《管子集校》，科学出版社 1956 年版。

杨伯峻译注：《孟子译注》，中华书局 1962 年版。

杨伯峻译注：《论语译注》，中华书局 1980 年版。

赵守正著：《管子注译》，广西人民出版社 1982 年版。

陈奇猷校释：《吕氏春秋校释》，上海古籍出版社 1984 年版。

王先谦著：《荀子集解》，中华书局 1988 年版。

巫宝三著：《管子经济思想研究》，中国社会科学出版社 1989 年版。

王守谦、金秀珍、王凤春译注：《左传全译》，贵州人民出版社 1990 年版。

王守谦、喻芳葵、王凤春、李烨译注：《战国策全译》，贵州人民出版社 1992 年版。

戴溶著：《管子学案》，学林出版社 1994 年版。

胡家聪著：《管子新探》，中国社会科学出版社 1995 年版。

黄永堂译注：《国语全译》，贵州人民出版社 1995 年版。

谢浩范、朱迎平译注：《管子全译》，贵州人民出版社 1996 年版。

钟肇鹏著：《管子简释》，齐鲁书社 1997 年版。

王德敏、刘斌等著：《管子十日谈》，安徽文艺出版社 1997 年版。

王先慎撰，钟哲点校：《韩非子集解》，中华书局 1998 年版。

刘泽华、葛荃主编：《中国古代政治思想史》，南开大学出版社 2001 年版。

战化军著：《管仲评传》，齐鲁书社 2001 年版。

司马迁撰，韩兆琦主译：《史记》，中华书局 2008 年版。

邵先锋著：《〈管子〉与〈晏子春秋〉治国思想比较研究》，齐鲁书社 2008 年版。

姜涛著：《管子新注》，齐鲁书社 2009 年版。

魏承思著：《管子解读：领袖需要的智慧》，上海人民出版社 2014 年版。

梁启超等编著：《中国六大政治家》，中华书局 2014 年版。

池万兴著：《先秦文化和〈管子〉研究》，人民出版社 2015 年版。

陈鼓应注译：《管子四篇诠释》，商务印书馆 2016 年版。

王京龙著：《管子与孔子的历史对话》，齐鲁书社 2016 年版。

池万兴著：《管子》，陕西师范大学出版社 2017 年版。

陈树文著：《先秦诸子中的领导智慧》，清华大学出版社 2019 年版。

王天海、杨秀岚译注：《说苑》，中华书局 2019 年版。

二、管仲行政大事记

齐釐（僖）公三十三年（公元前 698 年）

管仲、召忽成为公子纠的老师。鲍叔牙成为公子小白的老师。

齐襄公十二年（公元前 686 年）

管仲、召忽奉公子纠投奔鲁国。鲍叔牙奉公子小白投奔莒国。

齐桓公元年（公元前 685 年）

公子小白自莒入齐即位为齐桓公，在鲍叔牙力荐下，齐桓公从鲁国要回管仲，"厚礼以为大夫，任政"。《史记·齐太公世家》说："桓公既得管仲，与鲍叔、隰朋、高傒修齐国政，连五家之兵，设轻重鱼盐之利，以赡贫穷，禄贤能，齐人皆说。"

齐桓公二年（公元前 684 年）

齐桓公不顾管仲反对，率兵伐鲁，发生齐鲁长勺之战，齐军大败。

齐桓公五年（公元前 681 年）

齐国与鲁、陈、蔡、邾等国在北杏会盟，管仲劝齐桓公取信于诸侯。同年，齐灭逐。

齐桓公六年（公元前 680 年）

齐恒公请周师与陈、曹共攻宋。冬齐恒公和宋、卫、郑第一次会于鄄。

齐桓公七年（公元前 679 年）

齐桓公复会诸侯于鄄，齐始霸。

齐桓公八年（公元前 678 年）

齐与鲁、宋、陈、卫、郑、许、滑、滕在幽地结盟。

齐桓公十四年（公元前 672 年）

陈完与颛孙奔齐。

齐桓公十六年（公元前 670 年）

齐桓公与鲁庄公结成联姻之好。鲁庄公娶齐女为夫人，是为哀姜。

齐桓公十九年（公元前 667 年）

齐桓公在幽会盟诸侯。周天子赐命齐侯。

齐桓公二十年（公元前 666 年）

齐侯伐卫，败卫师。

齐桓公二十二年（公元前 664 年）

齐与鲁谋伐伐山戎。

齐桓公二十三年（公元前 663 年）

管仲令燕修庄公之政。

齐桓公二十四年（公元前 662 年）

齐桓公为管仲筑城小穀。

齐候、宋公在梁丘会见。

齐桓公二十五年（公元前 661 年）

管仲说齐桓公救邢。

齐桓公二十六年（公元前 660 年）

齐国救卫。

齐恒公迁邢于夷仪。

齐桓公二十八年（公元前 658 年）

齐联合诸侯城楚丘而封卫。

齐恒公二十九年（公元前 657 年）

齐候鲁阳谷之会。

齐桓公三十年（公元前 656 年）

齐桓公侵蔡伐楚，管仲以苞茅不贡责楚，达成召陵之盟。

齐桓公三十一年（公元前 655 年）

齐会诸侯于首止，会王太子郑，谋宁周。

齐恒公三十三年（公元前 653 年）

齐人伐郑。

齐恒公三十四年（公元前 652 年）

齐与诸侯在洮地会盟，商量安定周王室。

齐桓公三十五年（公元前 651 年）

齐桓公会诸侯于葵丘。

齐桓公三十八年（公元前 648 年）

齐使管仲平戎于王。

齐桓公四十年（公元前 646 年）

管仲病。管仲病榻论相。管仲病，桓公问曰："群臣谁可相者？"管仲曰："知臣莫如君。"公曰："易牙如何？"对曰："杀子以适君，非人情，不可。"公曰："开方如何？"对曰："倍亲以适君，非人情，难近。"公曰："竖刀如何？"对曰："自宫以适君，非人情，难亲。"管仲死，而桓公不用管仲言，卒近用三子，三子专权。

齐桓公四十一年（公元前 645 年）

管仲卒。

齐桓公四十二年（公元前 644 年）

鲍叔牙卒。

齐桓公四十三年（公元前 643 年）

齐桓公卒。齐桓公与管仲建立的霸业因齐国内乱而不再。